공부는
이쯤에서
마치는 거로
한다

한·창·훈·에·세·이

한겨레출판

작가의 말

저는 지금 강원도 횡성에 있는 '예버덩 문학의 집'에 잠시 머물러 있습니다.

이곳은 경치가 참 아름답습니다. 높은 산이 빼곡하고 자그마한 강물도 흐르죠. 제 섬에서는 볼 수 없는 풍경이라 하루 한 번 이상은 지방도를 따라 걸어 다닙니다. 넓은 밭이 많은데 배추 수확은 지난주에 완전히 끝났더군요.

마을이 있고 축사가 있고 개가 짖으며 간혹 경운기와 트랙터도 지나갑니다. 그렇게 해가 뜨고 집니다. 어제의 풍광이 오늘 되풀이됩니다. 이게 사는 것이죠. 하지만 우리들의 진짜 모습은 이렇게 평안치 못합니다.

주말마다 마을버스와 직행버스를 갈아타며 광화문을 다녀왔습니다. 날씨는 추웠고 마음은 뜨거웠습니다. '박근혜 퇴진'을 외치는 수백만 시민들의 모습에서 희망이 보였고 그동안 저들의 악랄했던 술수들을 떠올리며 불안해했습니다. 성숙한 시민사회의 문이 열리는 장면을 보면서도, 그런 구태와 저질이 지금까지 우리 발목을 붙잡고 있었다는 소리 아닌가, 하는 생각도 들었습니다.

하지만 저는 이 도저한 연대와 공유의 현장에서 끈질기게 우리에게 달라붙어 있던 박정희를 떨어내는, 힘찬 몸부림만큼은 분명히 보았습니다. 그동안 본 것 중 최고의 산다이였습니다.

박정희를 옹호하는 사람들은 종종 이렇게 말하죠. 그가 우리를 배부르게 해주지 않았느냐고. 그러나 밥 먹여주는 것에 만족하면 그야말로 개돼지 아닌가요. 저는 가난해도 온전한 사람으로 살고 싶습니다.

2015년 5월부터 2016년 7월까지 〈한겨레21〉에 연재한, 〈한창훈의 산다이〉를 정리해서 묶습니다. 제 원고 속 주인공들을 비롯하여 고마운 사람들이 떠오르지만 시련의 터널을 통과하는 시기라 일일이 호명하지 않겠습니다. 용서하십시오.

올겨울은 추위를 느끼지 않는 계절이 될 거라고 믿습니다.

겨울 초입에
한창훈

작가의 말 — **4**

암튼, 산다이다 — **12**

거북손에게 정말 미안하다 — **21**

쪽배로 태평양을 건널 생각이다 — **30**

최경엽전(傳) — **39**

'대강'의 제왕 — **48**

표준어 거부 운동을 제안한다 — **57**

장어는 우리가 다 잡아먹었다 — **67**

우편배달부는 언제 벨을 울리나 — 76

주아와 수연이 — 85

우측통행을 하면 알파파가 나온다? — 94

어느 누구도 어느 누구보다 높지 않다 — 102

견딜 수 없이 짙고 푸른 — 111

공부는 이쯤에서 마치는 거로 한다 — 120

죽음의 품위 — 129

살려면 배가 한 척 있어야 — 138

벤치의 나이테 — 147

말에서 떨어진 이유 — 156

나는 대가리가 좋다 — 165

그 직업에 대한 단상 — 174

그 사람 — 183

북서풍 붑니다. 소주 마십니다 — 192

모월 모일 모시 저 혼자 삽니다! — 201

팝송 틀어놓고 꽃상여가 나갔다 — 210

임은 종종 나타나니까 물이나 펑펑 솟았으면 — 219

평상에서 보았다 — 228

빠삐용 가득 낚았네 — 237

인생은 벌거숭이 — 246

덤비니까 청춘이다 — 255

암튼, 산다이다

먼저 '산다이'가 도대체 뭔 소린가 하시겠다. 뜬금없는 것도 정도가 있어야 말이지. 아무 설명 안 하면 '남쪽 바다 먼 섬에 자기가 살고 있다는 소리를 전라도 사투리로 한 거겠지' 싶으실 것이다. 은근슬쩍 그런 의도도 있기는 하다. 거기에다, 어쨌든 살아간다는 뜻도 슬그머니 끼어 있다. 유용주의 산문집 《그러나 나는 살아가리라》 식으로.

물론 이게 다가 아니다. 이게 전부라면 안 죽었다는 소리밖에 더 되겠는가. 손가락 자유로운 자, '산다이'를 검색해보시길 권한다. 뜻밖의 내용이 나온다. 그렇다. 이 용어는 전라남도 섬 지방에서 여흥, 축제의 뜻으로 쓰이는 단어다. 그러니까 또래들끼리 어울려 한바탕 신나게 논다는 말로, 내가 살고 있는 거문도에서도 예전부터 내려오고 있다. 근데 이 단어, 어원이 애매하다. 얼핏 일본어로 오해하기 쉽지만 아니다.

선데이sunday에서 유래되었다고, 자기가 직접 본 것처럼 말하는 이들이 있다. 일명 '거문도 사건'이라고 있었다. 1885년 초부터 1887년까지 2년 동안 영국군이 이곳을 점령한 사건이다. 그 시절 우리 섬은 얼떨결에 포트해밀턴이 되어버렸다. 해밀턴은 거문도를 처음 발견했다는 영국 사람 이름이다. 참나, 훨씬 이전부터 살고 있던 우리 할머니, 할아버지들은 뭐란 말인가.

한국 사람 한국말 쓰고 영국 사람 영어 쓴다. 두 언어는 하나도 안 닮아 있다. 물론 여러 외국어가 들어와 섞여 쓰이고는 있다. 글로벌 시대니까. 어제도 나는 한국어, 일본어, 영어 한 단어씩 붙여서 이렇게 말했다. "핸들 이빠이 꺾어." 핸들이 어느 정도 돌아갔는지는 내버려두고 그림 하나 그려보자.

영국 수병들의 일과가 있었다. 군가를 부르고 포대진지 경계근무 서고 국기 하강식 하고 점호를 받았을 것이다. 이건 기록에도 남아 있고 이야기로도 내려온다. 일손이 필요했던 그들은 주민들을 노무자로 고용했다. 일당으로 담배와 술, 말린 고기, 통조림 따위를 주었다. 파운드는 줘봤자 이상한 종이에 불과했으니까. 덕분에 일거수일투족을 가까이서 지켜보았다. 공식적으로 이곳 거문도는 우리나라에서 가장 먼저 전깃불을 밝히고 당구대가 놓였으며 테니스 코트를 만든 곳이다. 물론 주민들은 구경만 했다.

그런데 어떤 날이 되면 수병들이 술 마시고 춤추며 논다. 주기적으로 그런다. 주민들은 궁금했다. 저것들이 왜 며칠에 한 번씩 저럴까. 한 명이 물어봤을 것이다. "왜 근무 안 서고 노는가?" 보

벗어놓은 옷은 나보다 잘 눈
벗어놓은 바지는 나보다 잘

디랭귀지로(중요한 대화는 이곳 유학자와 그들이 데리고 온 청나라 통역사를 통해 필담으로 진행되었다).

  질문의 요지를 알아차린 수병이 대답했다. "선데이." 주민들은 그 단어가 재미있게 노는 것을 뜻한다고 여겼다. 그러니까 갑자기 노래 부르며 놀고 있으면 '아, 그 선데이라는 것을 하는구나' 했다. 그 선데이가 변형되어 산다이가 됐다는 추측.

  나도 어느 정도는 맞겠구나 싶었다. 그리고 점령군의 제국언어를 물려받아 쓰고 있다는 사실에 약간 배알이 꼴리기도 했다. 배알이 꼴리는 거 이야기하자면 지난 1999년 4월 엘리자베스 2세가 방한했을 때를 말 안 할 수 없다. 멀쩡한 남의 나라에 깃발 꽂은 주제에 여왕은 사과 한마디 없었다. 우리 정부도, 언론에서도 문제 제기 안 했다. 여왕이 경북 안동엘 갔는데 신발 신은 채 방으로 들어간 것 가지고 귀엽다니, 유럽 문화가 어떻다니 따위의 기사만 내보냈다. 신발 신고 남의 방 안에 들어간 거, 이거 어째 거문도 사건과 비슷하다.

  언젠가 평론가 황현산 선생이 당신의 고향인 신안군 비금도에 산다이라는 게 있었다고 말씀하셨다. 얼래, 거기도 산다이가? 거문도와 비금도는 너무 멀고 교류도 없다. 알아보니 섬마을마다 이 단어를 써왔던 것이다. 그래서 선데이 유래설은 한 방에 설득력을 잃는다. 공부 좀 한 사람은 산대희山臺戲에서 왔을 것이라고 본다. 산대놀이라는 탈춤놀이가 있잖은가.

암튼, 산다이다. 원래 이 글의 제목은 '낚시터에서 보낸 편지'로 하려고 했다. 날씨만 좋으면 나는 날마다 낚시를 가니까. 그런데 이렇게 바꾼 이유는? 낚시보다도 중요한 게 어울려 노는 것이니까. 낚시 좋아하는 분들은 서운하시려나. 안 그러셔도 될 것이다. 앞으로 낚시와 관련된 이야기도 종종 하게 될 테니까.

미래는 아무도 모른다. 무당도 신부도 스님도 목사도, 심지어는 신도

산다이는 연대 의식을 높이며 묵은 감정을 배설하는 놀이 문화이다. 잘 논다는 것, 얼마나 중요한가. 세상의 모든 페스티벌은 그동안 쌓인 스트레스를 발산하는 장치들이다. 그래서 주민들이 직접 준비하여 참가한다. 달리고 악쓰고 뭔가를 마구 던지기까지 한다. 그러고 나야 말끔해진 얼굴로 집에 돌아가서 하던 일을 계속할 수 있으니까.

우리에게도 온갖 지역 축제가 있긴 하다. 이름 대기도 귀찮을 정도인데 모두 관이 주도하는, 보여주기 형식이다. 몇 곳은 구경하는 것만으로도 만족할 수 있다고는 하지만 대부분 가수들 노래 듣고 먹거리 장터에서 취한 다음 돌아간다. 이게 무슨 축제인가.

축제란 내가 주인공이 되어야 하는 것이다.

예전에, 하도 이런저런 축제가 생겨나자 이름에 시옷이 복수로 들어 있는 모 소설가는 러브모텔 축제를 기획해보면 어떻겠냐고 말했다. 이 기회에 러브모텔을 음지에서 양지로 끌어내고 숨어서 해야 할 만큼 섹스가 나쁜 짓이 아니라는 것을 선언하는 동시에 국민 대가리 수 증가에 이바지하는 계기로 삼겠다는 게 그의 설명이었다. 어차피 기회만 되면 다들 그 짓을 해대니까. 듣고 있던 내가 물었다.

"축제는 지역 방송에서 중계를 하던데 그렇다면 MC가, 여러분은 지금 '우리 모두 붙어먹세' 캐치프레이즈 아래 이제 막 개막한 러브모텔 페스티벌 현장을 보고 계십니다. 모란장 201호는 이제 막 입실했고 그 옆 퀸모텔 203호는 본격적인 애무에 접어들었습니다. 오호라, 도로시모텔 305호 쌍은 생각지도 못한 체위를 시도하고 있습니다. 난이도로 보아 가산점을 부여해야겠는데요. 아, 말씀드리는 순간 씨랜드모텔 403호 커플 돌연 앞질러나갑니다."

그는 그것까지는 아직 생각 못 했다며 웃었다.

산다이는 보통 명절 뒤끝이나 만선했을 때, 심지어는 초상을 치르고 나서도 했지만 사람들 수만 충분하면 충동적으로 벌이기도 했다. 나쁜 짓만 아니라면 충동, 이거 매력 있는 행위이다. 느닷없는 것. 술 중에 가장 맛있는 것은 길에서 반가운 사람과 우연히 만나 충동적으로 마시는 거 아니던가. 산다이가 한번 벌어지면 역동과 쾌활함이 뒤엉켜 한바탕 휘몰이가 일었다. 걱정, 근심, 불안,

탄식 같은 것은 손톱 끝만큼도 끼어들 틈이 없었다.

요즘은 좀 다르다. 방구석에 약봉지를 쌓아두고서도 이 병원 저 병원으로 의료 쇼핑 다니는 할머니, 할아버지. 퇴직 압력에 시달리며 주변 눈치만 보는 아버지. 보험 가입서를 만지작거리는 어머니. 학점과 취업에 기가 죽어 있는 자식들. 정도의 차이는 있지만 집구석마다 이런 모습 흔하다.

젊은이들 모습이 그중 도드라진다. 미래에 대한 불안이 공포의 대마왕처럼 뒤덮고 있어 그것에 시달리느라 연애, 결혼, 출산에 이어 취업, 내 집 마련까지 자포자기의 영역을 넓혀나가고 있다. 이들은 우리 시절에 비해 훨씬 똑똑하고 예민하며 시대 변화를 정확하게 읽어내는 것은 물론 확보해놓은 정보의 질이나 양도 상상을 뛰어넘는다. 그런데 그 능력이 영 힘을 못 쓰고 있는 형국이다.

미래에 대한 불안은 현대사회 최고의 상품이다. 국가와 회사는 불안을 이용해서 사람들을 부려먹고 빨아먹는다. 거기에 대항하는 최고의 방법은 불안해하지 않는 것. 나는 바둑을 둘줄 모르지만 이세돌 9단의 가장 큰 장점이 상대의 의도대로 따라주지 않는 거라고 들었다. 멋진 자세다.

불안에 떠는 무기력함. 이게 사는 것인가. 이렇게 살아서 뭐한단 말인가. 예전엔 미래에 대한 불안이 거의 없다시피 했다. 그게 누군들, 태어난 이상 제 복을 가지고 있다고 여겼으니까. 그런 관점이 옳다는 것이 아니다. 최소한 미래에 대한 걱정의 과잉은 없었다는 말이다.

최근 젊은이들 사이에는 '혼족'이라는 것이 생겨났다. 밥도 혼자 먹고 수업도 혼자 듣는 것을 말한다. 일본에서는 '프렌드 렌털'도 생겼다던가. 돈 받고 친구 노릇을 대신해준단다.

인간관계에서 만족을 느끼게 해주는 존재는 내 편의 유무이다. 내 편은 많을수록 좋지 않은가. 내 편이 되어주는 가장 큰 존재는 친구다. 친구 없으면 외롭다. 외로우면 괴롭다. 다 알고 있지 않은가. 인간관계 맺는 법을 연습하지 못한 사람이 갖는 불안정. 이거 큰 문제다. 이렇게 자란 사람들은 성공하더라도 자기 때문에 다른 사람이 불편하게 된 상황을 알아차리지 못한다. 타인을 느끼는 촉이 무뎌졌기 때문. 명문대 나와 높은 자리에 올라간 다음 국민 괴롭히는 사람들 찾아보는 것은 지금도 어렵지 않다.

사람은 언제 가장 행복할까. 합격, 승진, 새로운 연애, 이딴 거? 뭐든지 조금만 지나면 별것 아닌 게 된다. 같은 수만큼 발생하는 불합격과 탈락, 진부함은 또 어쩌라고. 이런 것과 상관없이 행복감을 주는 최고의 경우는 좋은 날씨다. 제기랄, 그게 다다. 최고의 에너지는 그것이다. 그렇기에 날씨를 즐길 줄 모르면 이미 어긋난 상태이다. 따뜻한 햇살 아래 우울하게 고개 숙이고 있는 사람. 참 꼴좋다.

미래는 아무도 모른다. 무당도 신부도 스님도 목사도, 심지어는 신神도 모른다. 모르는 것 가지고 벌벌 떠는 것처럼 찌질한 짓도 없다. 인생 알 수 없는 덕에 우리는 산다. 젊었을 때의 계획대로 중년 이후를 사는 사람, 나는 못 봤다. 그러니 그런 거 무시하고 친구와 어울려 어기차게 기운이나 발산하자. 그게 생명력이다. 강한 생명력은 사람을 자유롭게 한다. 자유로운 영혼. 이거 멋지지 않은가. 위정자들은 자유로운 영혼을 가진 자들을 무서워한다. 그들이 무서워할 젊은 영혼이 많은 것, 그게 정상적인 국가이다. 그러니 좆도, 산다이 하면서 놀자. 놀아도 내일은 또 오더라.

  이상 산다이에 대한 설명 끝.

거북손에게 정말 미안하다

거북손이라는 게 있다. 거북손과의 따개비류이다.

손암 정약전의 《자산어보》에는 "오봉이 나란히 서 있다. 바깥쪽 두 봉은 낮고 작으나 안쪽 두 봉은 크다. 황록색이다. 뿌리둘레는 껍질이 있다. 유자와 같으며 습하다. 살에도 붉은 뿌리와 검은 수염이 있다. 맛이 달다"고 나와 있다. 우리나라 바닷가 어디를 가나 갯바위 틈에 오밀조밀 붙어 있는, 마치 자그마한 산처럼 생긴 녀석이다. 우리 마을에서는 '보찰'이라고 한다. '대감 감투'라는 별칭도 있다. 감투처럼 생겼기 때문인데 거북손이라는 이름도 거북이 발 모양이라 해서 붙은 것이다.

이렇게 설명하는 동안 웬만한 분들은 '아, 그 거북손' 이러실 것이다. 옛날 사람들은 잘 알았지만 요즘은 통 모르는 게 제법 많은데 반대로 몰랐던 것을 최근에 알게 되는 경우도 종종 있다. 거북손처럼 먹는 거면 특히 그렇다.

나는 요즘 이 친구들에게 정말 미안하다. 그냥 하는 소리가 아닌 진심이다. 그런데 이 녀석들은 갯바위에 뿌리내린 채 살고 있다. 움직이지 않는다. 자기들끼리 대표나 위원장, 하다못해 이장 또는 반장도 안 뽑아놓았다. 그래서 사과하려면 우리나라 바닷가나 섬마을의 모든 갯바위를 찾아다녀야 할 판이다. 그렇게 한다면 100년쯤 걸리지 않을까 싶다. '비타500'이라도 사 가야 한다면 그 돈은 또 어디서 댈 것인가.

그래서 어제는 갯것(바닷가에서 이런저런 해초와 패류를 채취하는 행위) 갔다가 바위틈에 있는 애들 중 큰 놈 몇몇에게 말했다. "미안하다, 니 동료들에게도 이 말을 전해주기 바란다." 그리고 고둥과 해삼만 몇 개 잡아 왔다. 왜 갑자기 패류 따위에게 사과를 하나 싶으실 것이다. 하지만 살다 보면 발에 걸린 돌멩이에게 쌍욕을 하거나 느닷없이 수선화에게 사랑 고백도 하게 되거니와 재수 없으면 뜨물에도 애가 서고 지렁이한테 귀두도 물린다는데 거북손에게 사과 정도 못 하겠는가.

사과문을 쓰게 된 당장의 동기는 출판사에서 근무하는 한 편집자 때문이다. 일전에 그가 거제도 쪽으로 가족 여행을 갔는데 그곳에서 거북손을 먹었다며 문자를 보내왔다. 쉽지 않을 텐데 어떻게 먹었냐고 문자 종이 봉지에 담아 팔더라는 답이 왔다. 예전 번데기나 다슬기처럼 말이다. 나는 약간 멍해졌다. 사람들이 언제부터 이걸 팔고 사 먹게 된 거지?

이리저리 물어보고 나서야 짐작이 되었다. 최근에 '삼식이 새끼' 비슷한 발음의 프로그램을 보셨을 테다. 졸라 유명했다니까.

거기서 이것 먹는 장면이 나왔다는 것이다. 그 덕에 유명세를 탔다는 것. 인터넷에서 보니 냉동 포장해서 택배로 판매하는 곳도 부지기수다. 이 호황의 근원은 조금 더 거슬러 올라간다.

2010년 가을에 나는 《내 밥상 위의 자산어보》라는 책을 냈다(그땐 이게 부제였다). 서른 가지 해산물(하나는 인어라서 해산물로 부르기 어색하지만)에 관련된 사람들 사연과 간단한 채취 방법, 요리법 같은 것을 써놓은 것이다. 설명은 여기서 스톱. 마치 책 팔아먹으려고 하는 짓 같으니까.

암튼 당시 방송에서는 '하루 자고 이틀'이란 이름의 코너가 잘 나가고 있었다. 그런데 책이 나오고 얼마 있지 않아 그 팀원들이 갑자기 만재도에 찾아간다. 가서 거북손을 삶아 먹는다. 나중에 들어보니 담당 편집자가 내 책을 그 방송 팀에 보냈다는 것.

우연일 수도 있지만 시기가 딱 맞아떨어진다. 더군다나 그 책에는 만재도에서 자연산 돌김을 말려 팔고 있는 할머니가 나온다. 내 책에서 아이템을 얻은 방송 작가가 연출을 맡고 있는 나 아무개 PD에게 말하고 이거 그림 되겠다, 가보자, 했을 거라는 게 일단의 추측이다.

추측이 맞는다면 그때부터 사람들이 거북손에 대해 알기 시작했고 그 나 아무개 PD가 방송국을 옮긴 다음 다시 연예인들을 만재도로 보내고 또 거북손을 등장시킴으로써 본격적으로 죽어나가기 시작한 것이다. 유명해지면 죽는다는 명제가 만들어지는 순간이기도 하다. 그리고 내가 그 단초를 제공했다는 자책 때문에 이렇게 사과문을 쓰고 있다.

물론 나도 채취해서 먹는 방법을 알려주려고 책을 냈다. 그러니 내가 먼저 잘못한 것이다. 하지만 사람들이 바닷가에 놀러 갔을 때 그저 회나 사 먹고 어슬렁거리다 돌아가는 모습이 측은해서, 가족끼리 이런 것 발견했을 때 이렇게 하면 먹을 수 있다고 소개한 거였다. 바닷가에서 노는 방식을 알려주려고 했던 것이다. 이렇게 전국적 열풍이 일어나 택배로 받아먹으라는 게 아니었다.

문제는 거북손이 글을 읽을 수 없다는 것이다. 그들이 이 책을 보게 될 확률은 마이너스 3300퍼센트이다. 한 200만 년쯤 지나 거북손이 진화에 진화를 거듭해 책을 읽는 조개류가 된다면 가능하겠지만 말이다(하다 보니 참 턱도 없는 소리를 지껄이고 있다).

강력한 신의 등장, 태래비전

사실 이런 쏠림 현상은 오래되었다. 일전에 쇠비름의 효능이 방송에 나온 모양이다. 이거 흔한 풀이다. 시골에서는 흔하고 별 소용없는 풀을 싸잡아 '지심'이라고 한다. '지심매러 간다' 하면 밭에 풀 뽑으러 간다는 소리다. 쇠비름은 지심이다. 그런데 좋다고 하자 잔뜩 뜯어 먹고 응급실에 실려 간 사람도 있었단다. 쪽팔리는 짓도 참 다양하다.

　우리 섬도 마찬가지다. 겨우살이가 좋다고 하니 시도 때도 없이 산을 타며 캐 가서 이제 구경조차 어렵다. 만나는 사람마다 주변의 이런 행태를 비난하지만 그 사람 집에 가면 예외 없이 겨우살이 담근 술이 몇 병씩 있다. 오래전 어떤 박사가 비타민C를 먹어야 한다고 강조하자 1초라도 늦으면 큰일 날 것처럼 달려들어 약국에서 동이 나게 한 것에서 이런 행태가 시작됐을 것이다.

　그래서 섬사람들끼리 말하곤 한다. 여름 수온이 올라가면 해파리가 잔뜩 불어난다. 어민들은 이놈들 때문에 죽어난다. 해파리를 없애는 방법은? 텔레비전에서 몸에 이롭다고 한 번만 나오면 된다. 적조 현상도 마찬가지다. 적조 바닷물을 조금씩 장복하면 만병이 사라진다고 방송 타면 된다. 그러면 바닷물도 아주 맑아질 것이다.

　남해 독일마을이 소개되자 사람들이 잔뜩 모여들어 그곳 교통이 마비된 적이 있다. 주민들 원성이 자자했단다. 남들 다 하는데 나만 안 하면 불안한, 이른바 센터 콤플렉스. 예전에는 이런 거 종교가 했다. 메시아가 나타나면 우르르 몰려들어 말씀을 듣고 전했으며 그의 지시대로 동으로 가고 서로도 갔다. 경전을 얻어 와 베끼기도 했다.

　지금은 새로운 신이 등장한 시대다. 이름하여 '태래비전態來卑電'. 사람들은 그분이 말씀하시는 뉴스를 곧이곧대로 믿고 뭐가 몸에 좋다고 강설하면 우르르 달려가 '아작'을 내버린다. 그래서 거실 벽 중앙에 태래비전님을 모셔놓고 제사까지 지내는 것이다. 심지어 저는 방구석에 처박혀 있으면서 그분을 통해 남들이 노는 것을 구경한다.

신神은 터미널 앞 식당 메뉴처럼 많을수록 좋다고 칠조七組 박상륭 선생께서 말씀하신 바 있다. 인도에서는 신의 수가 10억 명이나 된단다. 그래서 그런가. 우리의 새로운 신도 갈수록 채널을 늘려 버튼만 누르면 새로운 존재들이 나와 가르침을 전한다.

그중 대표적인 게 먹을 것 관련이다. 이 채널에서 성인병 예방을 위해 과식을 금하고 운동하라는 말씀을 전하는데 그다음 채널에서는 이것 먹어봐라, 저것은 더 맛있다, 설파하신다. 이른바 '먹방'이다.

이거 좀 심하다. 다큐멘터리 〈트루맛쇼〉 관련 자료를 보면 2010년 3월 셋째 주 지상파 텔레비전에 나온 식당이 모두 177곳인데 1년 동안 그 추세가 계속됐다고 보면 1만여 곳이 '맛집'으로 전파를 탔다는 계산이다. 그 집들은 모두 '최고'이고 '상상도 못 한' 맛을 끌어내며 '무뚝뚝하지만 인심은 좋은' 사장님들이 운영한단다. 과연 '맛집 공화국'답다.

검증되지 않은, 과도한 정보에 의한 쏠림 현상. 이거 어떡할 것인가. 하이데거인지 야스퍼스인지 헷갈리지만 한 실존주의 철학자는 100년 뒤엔 매스미디어의 영향으로 모든 사람이 같은 생각을 하게 될 거라고 예측한 바 있다. 실제 누가 말했는지 알 게 뭔

가. 그 말이 정확히 맞아떨어지고 있다는 게 중요하지.

지금은 몰골이 이따위로 돼버렸지만 나는 20대 초반 음악 감상실 DJ를 한 적이 있다. 그때 종종 틀었던 곡 중 하나가 킹 크림슨의 〈에피타프Epitaph〉인데 그 노래 가사에 대략 이런 게 있다.

> 무언가를 알게 된다는 것은 끔찍한 일일 뿐이야. 규칙을 정하지 않으면 모든 인간의 운명은 바보들의 손에 달리게 되는 거지.

당시는 막연한 관념의 표현으로 보였는데 요즘 세태에 맞춰보면 살 떨릴 지경이다. 유명한 음식점에 길게 줄 서 있는 모습, 흥행하는 영화는 봐야 한다고 믿는 사람들, 유행하는 것은 뒤늦게라도 사서 가져야 안심하는 이들, 남 노는 것 구경하는 걸로도 부족해서 그대로 따라 하는 족속들. 한 가지에서만 정보를 얻는 무지. 이게 바보 아니고 뭔가.

책도 그렇다. 서점에서 베스트셀러만 찾는 사람들. '많은 사람이 샀다니까 뭔가 이유가 있겠지, 그럼 나도' 하지 말고 제발 직접 읽고 판단해주길 바란다(그게 내 책이라도 마찬가지다). 창의성은 고사하고 스스로 판단도 못 한다면 국가와 사회가 통제하기 가장 좋은 대상으로 전락해버린다. 미디어에 의해 사육당하고 조종당하는 무기력한 존재들 말이다.

어쨌든 다시 거북손.

물론 나는 어릴 때부터 먹어왔다. 그러니까 이 글은 내가 하는 것은 되고 남이 하는 것은 나쁘다는, 못된 심보의 고백이기도 하다. 단지, 날름 받아만 먹지 말고 바닷가 놀러 갔을 때 직접 해보라는 것뿐이다. 추억으로 남을 테니까. 그나저나 이거 읽고 사람들이 더 먹어 조지는 것은 아닌지 모르겠다.

쪽배로 태평양을 건널 생각이다

요즘 나는 배를 몰고 태평양이나 대서양 건너 지구 반대편에 갈 생각을 하고 있다. 이유는 이따가 말하겠다. 처음부터 미쳤단 소리 듣기 싫은 데다 이런 경우 사람들은, 같이 가자는 것도 아닌데 저 통장에서 돈 빠져나갈 것처럼 달려들어 뜯어말리니까.

긴 항해는 그동안 세 번 했다. 현대상선 컨테이너선을 타고 부산에서 두바이까지 갔고, 또 한 번은 홍콩에서 인도양, 홍해, 수에즈 운하, 지중해, 대서양 거쳐 네덜란드 로테르담 항까지 갔다. 그리고 2013년엔 쇄빙연구선 아라온호를 타고 북극해를 갔다. 인천에서 출발하여 일본 혼슈와 북해도 사이를 관통하고 사할린과 캄차카 반도를 타고 올라간 다음 베링 해를 넘었다.

인도양은 노을이 장엄했고 수에즈 운하는 오로지 사람의 힘으로만 만들었다는 게 믿기지 않았다. 지중해는 바람과 파도 하나하나가 그 동네 역사 같았고 대서양은 자체만으로 사람을 차분하게 만들었다. 베링 해는 듣던 대로 파도가 대단했다. 롤링 때문에 계속 침대에서 굴러야 해서 내가 밀가루 반죽이라도 되고 있는 것 같았다. 북극해의 유빙은 햇빛을 받으면 더없이 아름다웠다.

사실 북극해 다녀온 다음 긴 항해는 이제 그만하기로 했다. 지치기도 했거니와 안상학 시인이 '푸른 물방울'이라고 이름 붙인 지구별에 대한 궁금증이 웬만큼 풀렸기 때문이다. 그래서 요즘은 거문도에서 여수 오가는 여객선만 '쎄가 빠지게' 타고 있다. 그런데 이렇게 뜬금없이 더 먼 항해를 하려고 하는 것이다. 그것도 혼자서. 배는 다시 몰고 와야 하니까 돌아오는 것까지 하면 지구를 완전히 한 바퀴 도는 것이다.

나에게는 배가 한 척 있다. 이름은 동성호. 3년 전 중고로 산 선외기정이다. 선외기정이란 엔진이 선체 밖으로 나와 있는 것으로 항구에 가면 흔히 볼 수 있는, 낮고 작은 보트이다. 보통 '쎄내기'라고 부르는데 가까운 곳을 재빠르게 왔다 갔다 하는 용도라 다른 배라도 지나가면 파도를 넘기 위해 속도를 줄이고 가만히 있다가 다시 가야 할 정도이다. 엔진과 조종대만 있어서 비가 쏟아져도 피할 선실이나 조타실이랄 것도 없다.

이런 배로 대양을 건넌다고?

응.

못 할 건 또 뭔가. 인류 최초의 배는 바다에 빠진 사람이 붙든 통나무나 널빤지였다. 우연히 그것을 붙들고 살아난 사람이 다른 나무를 덧대어 묶는 것으로 배의 역사는 시작되었다. 머잖아 통나무 속을 파내는, 집념의 사나이도 나타났다. 자동차도 맨 처음엔 '구루마'였다. 거기에 비하면 지금 내 배는 첨단이다. 문제는 내 배를 첨단이라고 생각하는 이가 나뿐이라는 것이다.

암튼, 배는 있다. 그런데 엔진을 사용해서 가려면 엄청난 양의 휘발유가 필요하다. 동성호 기름통은 두 말이면 꽉 찬다. 경제속도로 가면 대략 50킬로미터 정도이다. 대양을 건너려면 커다란 기름배가 따라와야 할 판이니 그럴 바에야 차라리 그 배 타고 가지.

그래서 생각한 것이 바람이다. 그래, 돛을 달자. 내 어렸을 적 웬만한 배들은 돛 달고 다녔다. 당장 우리 할아버지 세대들만 해도 돛 달고 거문도에서 울릉도까지 다녔다. 가는 데 두 달, 머무는 데 두 달, 오는 데 두 달, 이렇게 반년 걸리는 행보를 옆집 마실 가듯이 다닌 것이다. 돛도 요트에 세우는 것처럼 멋진 게 아니었다. 요트는 아주 작은 것도 몇억씩 한다고 들었다. 그러니 그냥 옛날 돛이다.

목표는 우루과이다. 브라질과 아르헨티나 사이에 끼어 있는 나라. 내가 서 있는 곳에서 곡괭이를 들고 지구의 중심을 향해 정확히 파고 들어가면 그 나라가 나온다. 완벽한 반대쪽. 비록 우리나라가 '토목 공화국'으로 명성을 떨치고 있는 데다 나도 한 시절 삽과 곡괭이질로 먹고살았지만 언제 그 짓을 하고 있겠는가.

그러니 바다이다. 하지만 우루과이는 남아메리카에서도 하필 동쪽 대서양에 붙어 있다. 태평양을 건넜다 하더라도 남극 대륙이 마주 보이는 드레이크 해협을 지나야 한다. 거긴 베링 해보다 더 악명 높은 곳이다. 오죽하면 '절규하는 남위 60˚'이라는 별칭이 붙었겠는가. 반대쪽 항로도 있다. 인도양 지나 아프리카 대륙 따라 내려갔다가 남아프리카공화국 희망봉 넘어 남대서양을 가로지르면 된다. 아, 제기랄. 어디로 가든지 졸라 멀다.

무히카 씨를 만나기 위해 필요한 것들

그런데 왜 이 지랄일까. 한 사람을 만나고 싶기 때문이다. 그동안 살면서 누군가를 만나고 싶다는 생각이 든 것은 연애할 때 빼고 처음이다. 더군다나 이번은 노인이고 남자다. 바로 전前 우루과이 대통령 호세 무히카.

그를 만나고 싶은 이유는 먼저 〈녹색평론〉 137호에서 〈알자지라〉와의 인터뷰를 읽었기 때문이다. 거기에 "공화국은 어느 누구도 다른 사람보다 우월하지 않다는 원리로 움직이는 체계이다. 대통령은 왕이 아니고 신神도 아니고 주술사도 아니다. 나는 대통령도 국민 다수가 살아가는 방식 그대로 사는 게 이상적이라고 생각한다" "나는 소비 자체가 아니라 쓰레기에 반대한다" "요즘 사람들은 도시에서 살기 위해 교통 체증의 질식 상태로 앉아서 인생의 절반을 버리고 있다. 자유란 삶을 누리는 시간을 갖는 것이다" "내 목표는 미래를 생각하는 정치적 사고방식을 남겨두고 떠나려는 것이다" 같은 그의 말이 나온다.

2013년 9월 24일 제68차 유엔총회 연설에서는 "어떤 나라도 혼자서 기후변화를 해결할 수 없다. 하지만 세계의 힘 있는 지도자들은 어떻게 하면 다음 선거에서 이길까만을 걱정하고 있다"고도 했다. 인용하고 싶은 게 더 많지만 원고량 채운다는 오해를 피하기 위해 그만둔다. 암튼 다 알고 있는 말에 감동을 받아보기도 처음이다. 이유는 그가 자신의 말을 실제로 실천하고 생활하기 때문.

그래서 생각했다. '이 양반을 한번 만나보고 싶군.' 그의 본명은 호세 알베르토 무히카 코르다노(그 동네 사람들 이름은 길기도 하지). 젊은 시절 마르크스주의자로 군사독재에 대항하여 싸웠으며 1985년 사면될 때까지 14년간 감옥살이를 했다. 그중 11년은 독방 생활이었다. 거기까진 그렇다고 친다. 비슷한 경우가 우리나라에도 많으니까. 대통령까지지도 뭐 그렇다. 우리는 아빠가 대통령이면 자식도 대통령 하는 나라의 국민 아닌가.

그다음이 멋지다. 대통령이 되었는데도 28년 된 낡은 자동차를 끌며 월급의 90퍼센트를 NGO 단체에 기부하고 노숙자에게 대통령궁을 쉼터로 내주고 자신은 작은 농장에서 생활한다. 고등학교 졸업장도 없지만 철학자이자 행동가로, 프란치스코 교황에게는 현자로 불린 사람이다.

한국과 우루과이 간에는 직항이 없다. 북미나 유럽을 경유하면 대략 이틀이면 될 것이다. 하지만 이런 양반 만나러 가면서 어

떻게 땅콩이나 씹겠는가. 도착해서도 문제다. 사람들이 존경하는 이를 유난히 싫어하는 놈들은 늘 있기 마련인 데다 명색이 대통령이었으니까 몽둥이 든 경호원이라도 한 명 있을 것이다. 하다못해 허리 구부러진 문지기라도. 그러니까 그 양반 농장 앞에서 나는 대한민국 소설가인데 무히카 씨를 만나러 비행기 타고 왔다고 말하면 들여보내주겠느냐는 것이다. 심지어 나는 내 섬마을에서도 시인으로 종종 잘못 불리는데 말이다. 또 여기저기 숱한 매체들이 날마다 찾아올 텐데 개인에게 일부러 시간을 내줄 것 같지도 않다.

그래서 궁리한 끝에 지구 반대편에서 혼자 배 몰고 찾아왔다고 한다면 만나줄 거라는 결론을 내린 것이다. 마치 사흘간 무릎 꿇고 있으면 제자로 받아주었던 무림의 고수처럼. 무릎 꿇는 것보다는 항해가 낫다. 그러니 까짓것 무조건 가보는 것이다. 나는 지구인인데 이 행성 어딘들 못 간다는 게 말이 되는가.

자, 그럼 준비해보자. 까딱하면 1년 넘게 걸릴지 모르니(그사이 돌아가시면 어떡하지) 조종실 아래 공간에 간이 부엌을 만든다. 쌀과 양념 넣을 칸도 만든다. 어차피 냉장고는 없으니 김치는 조금만. 잠깐, 흙을 좀 실어서 밭을 만들까? 아니, 화분으로 하는 게 낫겠군. 갑판에는 천막으로 지붕을 씌우고 벽돌 한 장 정도 괴어 이부자리를 만든다. 휘발유는 비상용으로 네 말, 커다란 물통 하나에(계속 흔들리기 때문에 배의 물은 썩지 않는다) 빗물받이용 우산 같은 것도 하나 준비해야겠군.

화장실은 필요 없다. 바다는 통째로 화장실이다. 항해란 어쩌면 세상에서 가장 큰 변소를 통과하는 짓이기도 하다. GPS는 소형이나마 가지고 있으니 됐고 라디오는 어딘가에 처박혀 있는 것을 찾아 고치고 음, 최소한 음악은 들어야 하니 휴대용 MP3도 하나. 책은 딱 세 권. 도중에 난파당할지 모르니 기록할 수 있는 유성 사인펜과 노트, 그리고 신호킷과 조명탄, 손톱깎이, 칫솔, 돋보기, 망원경, 위장약과 진통제, 이런저런 옷가지, 소주 몇 병……. 젠장, 살림살이 그대로군. 이래서 혼자 갈 수밖에 없다.

당장 커튼을 찢어 돛부터 만들어야겠다. 가다가 망가지면 돛새치를 낚자. 등지느러미가 워낙 커서 돛으로 썼다고 해서 돛새치이지 않은가. 그러기 위해서는 300호 낚싯줄(거문슈퍼에서 파는 것 중에 가장 굵은 것이다)에 오징어 루어도 챙기자. 요즘은 트롤 낚시도 유행하고 있으니 충분히 구할 수 있다. 그 외 낚시채비는 필요한 만큼 가지고 있다.

혹시 아는가. 100킬로그램짜리 새치 한 마리 낚았는데 그 녀석 가던 방향이 마침 남미 쪽이라 내 배를 한 300리쯤 끌고 갈지. 가만, 반대로 가면 어떡하지. 이놈을 길들여서……. 에이, 그것은 그때 가서 생각해보기로 하고.

지금 이러고 있다. 그런데 동성호는 내 개인 배라고 부를 수 없다. 사진작가 선배와 공동 구매를 한 데다 관리를 맡고 있는 후배까지 치면 뭣만 한 배에 선주만 자그마치 세 명이나 된다. 내가 몰고 가버리면 두 사람은 생짜로 돈 주고 생선을 사 먹거나 풀만 먹고 살아야 한다. 더군다나 여름이 다가온다. 태풍이 계속 생기기 시작하는 때이다. 이게 좀 걱정이기는 하다.

최경엽전(傳)

1919년 남해 먼바다 거문도. 그중 동도(거문도는 서도, 동도, 고도 이렇게 세 섬으로 되어 있다) 죽촌리에서 한 여자아이가 태어났다. 몇 해 먼저 태어난 언니 이름은 최모방이었다. 모서리에 덧대어 지은 방에서 태어났다고 해서 붙인 이름이다. 둘째 딸도 그 방에서 태어났는데 또 모방이라고 할 수는 없어서 아버지는 고민했다. 면사무소 호적계 직원이 수고를 대신해서 언니 이름과 비슷한 목례로 등록해주었다.

집에서는 뒤늦게 경엽이라고 불렀다. 공경할 경敬에 잎 엽葉. 본인은 행정상 이름보다 경엽이라는 이름을 좋아했다. 그리고 평생 그 이름대로 살았다.

재치가 있는 데다 성품이 진중해서 부모의 귀애를 받았다. 집안은 죽촌리에서 거의 유일한 기와집이었다. 가세가 곤궁하지 않았다는 소리이자 여자아이라면 다들 하게 되는 물질을 안 배운 이유이기도 하다. 그러나 학교엘 다니지는 못했다. 마을에 학교가

없었다. 서당은 있었지만 아버지가 보내지 않았다. 대신 열아홉에 맞은편 서도 덕촌마을로 시집을 보냈다.

남편은 일본의 어느 지방 스모 시합에서 우승을 한, 기운이 강한 사내였다. 그의 별명은 '소방수'. 동네에 어떤 일이 일어나면 가장 먼저 달려가 문제를 해결하는 버릇 때문에 생긴 거였다. 첫아들을 낳고 3년 뒤 딸을 낳았다. 일제강점기 말, 태평양전쟁이 한창일 때였다.

남편의 직업은 서일본기선회사의 '다까선마루' 기관원이었다. 부산에서 여수, 거문도를 거쳐 제주로 다니던 배였다. 머잖아 그 배는 전시 임무를 띠고 차출이 된다. 일본 구레 항에서 휘발유와 군인, 야포와 폭뢰를 싣고 사이판 마리아나 군도까지 갔다. 도착해서는 사이판 섬 사이를 다니는 여객선이 잠시 되었다가 바라오 본청으로 소속이 넘어갔다. 바라오에서 짐을 싣고 인도네시아 바리코파발에 다녀오다가 기뢰에 배 한쪽이 손상을 입었다. 함께 오던 배가 예인선을 부르러 갔다. 홀로 남은 배는 무인도에 바짝 대고 기다렸다. 밤에 미군 B25 폭격기가 다가와 폭탄을 세 개 떨어뜨렸다. 그중 하나가 기관실에 떨어졌다.

남편의 사망 통지서를 받고 일주일 만에 일본이 항복을 했다. 그리고 유복자인 막내딸이 태어났다. 24살. 세 자녀와 함께 먹고살아야 할 일이 눈앞에 닥쳤다. 섬에서 여자 혼자 돈을 벌려면 해녀가 되는 수밖에 없었다. 소라와 해삼을 잡고 전복과 미역을 땄다. 뒤늦게 시작했지만 천성이 성실하고 진지해 경험 많은 이들을 금방 따라잡았다. 하지만 네 식구 먹고 입고 자는 것은 빠듯했다.

젊은 여자가 과부가 되자 접근하는 이들이 있었다. 우선 집주인부터 그랬다. 거절하자 괴롭혔다. 괴롭히는 방법은 많았다. 아이들이 무얼 어떻게 했다고 날마다 소리를 지르고 자신의 물건을 일부러 셋방에 쌓아두기도 했다. 자존심이 상한 그녀는 변소가 바로 옆에 붙어 있는 이웃으로 이사를 했다. 친정 엄마가 찾아왔다. 엄마는 방 안에 앉아서도 세상 돌아가는 것을, 심지어는 미래까지 짐작하는 능력이 있었다, 고 전해진다. 한동안 딸의 얼굴을 바라보다가 얼마간의 돈을 손에 쥐여주며 말했다. "이것으로 쌀장사를 시작해라."

물질과 더불어 그녀는 장사를 시작했다. 자신이 잡은 것에 동료들 것을 사 보태서 장흥행 배를 탔다. 닷새에 한 번씩 장흥에서 거문도로 화물선이 다녔다. 그녀는 미역과 다시마를 이고 장흥 내륙 마을을 찾아다녔다. 그것을 팔고 그 돈으로 쌀을 샀다. 돌아와 그 쌀을 팔았다. 끼니를 잇기 어려운 집이 적잖았다. 특히 보릿고개 시절에는 외상으로 쌀을 구하러 오는 이들이 종종 있었다. 그때마다 내주었고 갚으라고 닦달하지 않았다.

자식들은 성장해서 결혼을 했다. 방구석에 쌀자루 묶어둔 수준에서 발전하여 잡화 파는 구멍가게가 되었다. 밭일과 물질, 가게 일에 전력을 다한 덕에 머잖아 땅을 사고 집을 지을 수 있었다. 구멍가게는 슈퍼마켓이 되었다. 물건 구입을 위해 육지를 다니며 스스로 글자를 익혔다. 손자, 손녀에게 그때그때 물어보고 연습하고 외웠다.

시간이 흘러 아들네 식구들과 함께 여수에 아파트를 사서 이사했다. 모아둔 돈이 모두 들어갔다. 손녀 넷이 중학교, 고등학교 졸업할 때까지 뒷수발했고 짬짬이 공장으로 일하러 다녔다. 막내가 대학엘 들어가자 자신의 역할이 끝났다고 판단하고 섬으로 돌아왔다. 스스로 말한 대로 '빵 원'으로 돌아왔다. 다시 밭일을 하고 쑥을 뜯고 염소를 키웠다.

술을 마시지 않았고 담배도 안 피웠다. 그저 일만 했다. 부엌에서 밥 지을 때나, 갯것 해 온 것을 손질할 때 간혹 잘 있거라, 나는 간다로 시작하는 〈대전 부르스〉를 한 번씩 흥얼거리기는 했다. 울지는 않았다. 그녀가 우는 모습을 본 것은 환갑상을 받은 날 잠깐이었다. 그때 나는 고1이었는데 이 정도에서 밝혀야겠다. 그녀는 내 외할머니다.

손자, 손녀가 모두 열 명인데 애정이 누구에게 과하지도 덜하지도 않았다. 그래서 오해받지 않았고 원망 듣지 않았다. 손주들 결혼할 때는 일관되게 100만 원씩 주었다. 그 외에도 자신의 재산이 어느 정도 차면 자식들에게 나눠주는 것을 되풀이했다.

세상 살아보니 제일 좋은 것이 딱 시 개 있드라

 할머니 돈은 재수가 좋다는 소문이 일찍이 있었다. 덕분에 노름꾼들이 돈을 꾸러 오곤 했다. 네 명이 화투 칠 때 순서대로 모두 꾸러 온 적도 있었는데 그때 누가 땄는지에 대해서는 이야기가 내려오지 않는다. 아무튼 개중에는 아직 안 갚은 이들도 있다.

 내 동료 작가들이 찾아왔을 때도 모두 '복돈'을 받았다. 그 덕에 문학상을 타게 되었다고 말한 이가 여럿이었다. 아직까지 그 지폐를 지니고 있는 이들도 있다. 할머니는 특징으로 그들을 기억했다. '밥 잘 먹는 것'은 유용주 시인, '짜잔한 사람'은 박남준 시인, '머리 없는 양반'은 송기원 선생(스님처럼 배코를 치고 다녔다)이었다. 특이하게 안동 사는 안상학 시인만 '안동 아자씨'라고 불렀다.

 그들은 무심코 내뱉는 할머니의 표현에 감탄을 하곤 했다. "꽃 피면 온다더니 열매 맺어도 오지 않네" "요즘은 토요일이 사흘 만에 돌아온다(시간이 잘 간다는 뜻)" "(방문을 열다가) 하, 이슬비가 소리도 없이!" "(커다란 풋고추를 내놓으며) 내가 밭에서 이걸 웃으면서 땄어" "(소보로빵을 가리키며) 이것은 우에다가만 쪼끔 찌클어놓은 것이라서 벨로야". 누군가가 "운다고 옛사랑이……" 노래를 불렀을 때 듣고 있다가 고개 저으며 "울어도 안 와" 대꾸한 적도 있다.

 그녀는 세상 모든 대상에게 인성人性을 부여했다. 죽어가는 화초도 할머니가 매만지면 되살아나곤 했다. 귤나무 이야기는 내가 자주 한 것이다. 아직 못 들은 사람이 있다고 치고 잠깐 해보면 이렇다. 할머니는 귤나무를 키워보고 싶어 했다. 친척 한 분이 제주에서 묘목 두 개를 구해다 주었고 그녀는 마당에 붙어 있는 작은 텃밭에 심었다. 그런데 몇 년 동안 꽃만 무성하게 피우고 말아서 할머니는 혀를 차야 했다. "어째 너는 꽃만 피우고 마냐."

 어느 핸가(그땐 내가 육지에서 살고 있었다) 가을에 갔더니 커다란 귤이 하나씩 열려 있었다. "어, 드디어 귤 열렸네." 내 말에 할머니는 아무런 대꾸가 없었다. 자세히 보니 명주실로 귤을 나무에 묶어둔 거였다. 그러니까, 샘플을 보여준 것. 네가 아직 모르는 모양인데 이것을 만들면 돼, 이런 뜻. 나는 웃었고 다음 해엔 그 웃음을 취소해야 했다. 주렁주렁 귤이 열리기 시작한 것이다. 매사 이런 식이었다. 나무와 풀, 하늘과 바다, 장독대, 도구통, 심지어 귀신에게까지. 현대의 우리가 잃어버리고 있는 가장 큰 게 이 마음이라고 나는 본다.

 초겨울부터 늦봄까지는 쑥을 뜯었는데 떡 두 조각 가지고 가서 종일 일을 했다. 나는 그 모습을 오랫동안 바라보곤 했다. 삼매지경에 들어간 듯했고 살아 있는 적막의 덩어리로 보이기도 했다. 나중에야 내가 보고 있는 것을 알아차리고 씨익 웃으며 이렇게 말하곤 했다. "집에 가서 밥 묵고 가라믄. 밥그릇 라면도 있응게

묵고." 밥그릇 라면은 컵라면을 이르는 할머니식 표현이다. 그녀는 손가락이 너무 굵어서 목장갑이 안 들어갔다. 나도 현장깨나 돌아다녔고 손가락 굵은 이들을 많이 만났지만 목장갑이 안 들어가는 경우는 할머니가 유일했다.

나와는 많은 시간을 보냈다. 어릴 때부터 그랬다. 물질 나가면 장작 들고 따라가 짐을 지켰고 산이나 밭에도 함께 다녔다. 나에게 물안경 쓰고 잠수하는 법을 가르쳐준 이도 그녀다.

"아이, 세상 살아보니 제일 좋은 것이 딱 시 개 있드라." 언젠가 나에게 했던 말이다. 그녀가 지목한 세 가지는 가스레인지, 냉장고, 전기밥솥이었다. 그 말의 밑바탕에는 일제 치하, 봉건 잔재, 해녀와 홀어머니의 섬 생활, 숱한 노동을 통과해온, 어린 과부가 노파가 될 때까지 대한민국 변방의 여자 일생이 고스란히 깔려 있다.

지난번 산문집을 내려고 원고를 정리하다 보니 그동안 내가 가장 많이 쓴 대상이 할머니였다. 그럴 만했다. 내가 소설가가 된 이유 중 하나가 할머니를 비롯한 섬사람들의 삶을 기록해놓기 위한 것이었으니까. 그리고 내가 스승으로 모신 사람이었으니까(정작 당사자는 몰랐지만).

말년에는 쓸쓸했다. 노년기 우울증도 좀 앓았다. 자신도 괴로워했다. 품위 있는 사람은 자신이 망가지는 것을 스스로 알아차린다. 피폐해진 자신이 주변을 힘들게 하는 걸 못 견딘다. 보고 있기에 마음이 좋지 않아서 나는 돌아가시기를 바랐다. 사람은 어떻게 살았든지 간에 죽을 때의 모습이 가장 큰 이미지로 남으니까. 그 전에, 품격을 유지할 수 있을 때 돌아가셨으면 했던 것이다. 내 품에서.

   그거야말로 마음대로 되지 않았다. 시간이 좀 더 흘러 4월의 봄날, 드디어 평온해지셨다. 고무신과 호미와 두룸박과 빈 밭과 오래된 수건과 거문도 바다, 그 바람과 파도를 고스린히 남겨놓은 채.

'대강'의 제왕

노인이 처음부터 노인이 아니었듯(그러니까 벤치에 앉아 흘흘거리고 있는 저 늙은이도 80년 전에는 분홍빛 입술을 오물거리며 어미의 젖꼭지를 찾았더라는 말씀인데) 우리의 제왕帝王께서도 처음부터 제왕은 아니었다. 칠십여 년 전에는 그저 손가락만 꼬물거리는 아이였을 뿐이다.

어쩌면 문제는 그것인지 모른다. 아이가 그저 아이로만 존재하면 좋았을 테지만 천지간에 그럴 리는 없고, 배우고 익히며 자랐기 때문에 발생하는 문제가 이 세상을 포획하고 있다고도 말할 수 있는데, 그렇기 때문에 애를 어떻게 키워야 하는지가 집구석마다 늘 화두로 던져지는 것 아니겠는가.

아무튼 그는 열심히 자라서 우리가 아주 잘 아는 국가의 유명 회사 사장이 되고 국회의원이 되고 그다음 단계로 수도로 통칭되는 커다란 도시의 수장이 되기에 이른다. 왕후장상의 DNA가 따로 없다는 것을 몸소 증명해 보이신 것인데, 설사 있다 하더라도 노력과 집념만으로 그것을 넘어설 수 있다는 사실을 목도하게 해준 것이다. 그 변화의 과정에서는 '구하라 얻으리라'는 가훈과 '하면 된다'는 신념이 서슬 푸르게 작동되었다. 그리고 그 원동력은 자연 상태에 대한 불만이었다.

먼저 평지를 보면 용서하지 않았다. 비어 있는 곳이 있으면 무언가를, 그것도 '공구리' 쳐서 쌓아 올려야 직성이 풀렸다. 무언가 우뚝 솟은 게 있으면 싹둑 깎고 밀어내야 흡족했다. 또 울퉁불퉁한 것은 평평하게, 구불거리는 것은 직선으로 만들어버렸다. 있던 것을 없애고 없던 것을 탄생시키며 살아온 것인데, 한마디로 눈앞에 보이는 '스스로 그러한 것'을 혐오했다. 자연自然이 그의 적이었다.

그것은 스승인 '소판돈 어른'의 가르침이기도 했다. 곳간에 돈이 쌓이고 통장 잔액이 올라가는 비결을 고스란히 전승받은 것이다. 그리하여 그의 종교관과는 달리 '공사 중'이라는 스님만 잔뜩 양산하기도 했는데 그럼으로써 어떤 부자도 자신의 재산에 만족 못 한다는, 천사에게 금화를 너무 많이 받아서 끝내 자루가 터지고 만, 저 비극의 부랑자와 근본이 다르지 않다는 것까지 사람들로 하여금 깨닫게 해주었다.

사람들은 통 모르고 있는 도사가 한 분 계시는데 호가 구멍이라 혈선사穴先士라고도 불린다. 그는 볼펜, 수도꼭지, 주전자, 라이터, 호스, 스피커, 자동차 타이어 등 셀 수 없이 많은 물건이 구멍에 의해 각자 쓰임새가 만들어진다는 것을 발견하고 공부를 정진

한 끝에 우리 인생이 결국 구멍에서 시작되어 지상에 작은 구멍 하나 뚫는 것으로 끝난다고 설파하신 분이다.

어느 날 이 선사가 제왕에 관해 귀띔해주기를, 오래전 돗자리 위에 사람 얼굴 그려놓고 관상, 사주, 궁합, 택일 봐주는 것으로 일당벌이하던 돌팔이 하나가 '물을 가까이해야 건강하고 승승장구하며 오래 산다'고 예언해주었을 가능성이 아주 높다는 것이다. 자신이 봐도 제왕의 사주에는 물*이 없기 때문이라는 게 이유였다.

선사의 추측이 가히 틀리지 않았다는 것은 그의 행보에서 나타났다. 마음이 늘 물에 가 있던 것이다. 도시의 수장이 된 그는 오래 묵어 용도 폐기된 어떤 도랑을 지그시 바라보다가 느닷없이 거기 살던 사람들을 죄다 내쫓고('어딘가로 가서 알아서 살겠지 뭐') 친애하는 기계들을 동원해 허물고 파고 쌓고 다지고 매만져서 네모반듯하게 만들어버렸다. 그 시절 실용이라는 용이 산다고 전해지기도 했는데 문제는 그 도랑에 물이 잘 흐르지 않아 물뱀 한 마리도 헤엄치기가 쉽지 않았다는 점이다.

물 없는 개천은 앙꼬 없는 찐빵이나 마개가 붙어버린 술병보다 더 혹독한 경우다. 그는 다시 가훈과 신념대로 '물이 없으면 사면 된다'고 외치고 나서 그곳으로 수돗물을 흐르게 했다. 물이란 높은 데서 낮은 곳으로 흐르는 물건이지만 스스로 지니고 있는 그 특성 또한 마음에 들지 않았던 것이다. 심지어 물고기를 풀어놓기까지 해서 예전 봉건시대 왕족들이 했던 놀이터 같은 것을 만

든 셈인데 듣기로 그곳을 도랑답게 만들기 위해, 즉 물을 흐르게 하기 위해 지금도 달마다 적잖은 돈이 들어간다고 한다.

어쨌거나 그는 그것으로 성이 차지 않았다. 일례로, 가만히 있지 못하고 그 도시를 자신이 믿는 하늘 위 어느 존재에게 봉헌해 버렸다. 하지만 그것 때문에 "이 도시가 당신 개인 것이냐, 그분께 바치면 이제부터 우리는 세금을 하늘에 내야 하는 것이냐" 하는 문제 제기와 조롱에 시달리게 된다.

물론 그는 할 말은 있었다. "그렇다면 보거라. 내가 나의 구주께 이 도시를 바쳤는바, 그러면 이 도시가 시방 하늘에 있는가 여기에 있는가." 그렇게 공격에서 벗어날 수 있었지만 풍문에 의하면 기자회견을 마치고 서둘러 교회로 달려간 그는 "저들 말을 믿지 마소서. 무지하고 몽매한 자들에게 잠시 위안을 주기 위한 방편이니 오해 마소서. 누가 뭐래도 이 도시는 구주의 소유입니다" 읊조렸다고 한다.

더불어 그는 어째서 저에게 도시를 주시고 그 도시의 자유로운 누림은 허락하지 않는지, 왜 이렇게 사사건건 덤벼드는 놈이 많은지 한탄했다. 그래서 제왕이 되기로 작정을 했고 그렇게 된 것이다. 어떻게? 하면 된다, 정신으로.

재앙은 그다음 재앙으로만 가려진다

 그는 돈, 돈, 돈만큼은 많이 벌게 해주겠다는 약속만으로 제왕이 되었다. 가장 잘 아는 게 그것이니까. 물론 그 국가는 민주주의를 하겠다고 선언한 곳이라 투표는 했다. 기원전 아테네에서 시작된 민주주의 개념은 도편추방제나 평의회, 배심원 제도 같은 단어와 함께 애들 책에도 나온다. 하지만 축구 경기 자주 본다고 공 잘 차는 것 아니듯이, 슬픔은 이렇게 현실과 이론의 차이에서 나타나는 법이다.

 이해 못 할 것은 아니다. 당장 그곳이 너무 멀었다. 그 개념이 오기까지 2000년 넘게 산맥 넘고 사막 건너고 어떤 경우는 바다까지 건너느라 용을 썼는데 소문만 도착했지 내용물은 그렇지 못한, 마치 철가방 찾아와서 초인종 누르지만 정작 짜장면은 아직도 주방 안에 있는 형국이었던 것이다. 그런 연유로, 우리가 아주 잘 알고 있는 이 국가는 그 수입품의 포장지만 열심히 읽고 선거로 대표를 뽑기는 하는데 뽑히는 순간 제왕이 되어버리는 수준 미달에, 공화국도 아니고 왕국도 아닌, 성문법 국가도 아니며 그렇다고 자연법 국가도 아닌, 독립국이라고 큰소리치지만 유사시 전투기 하나 띄우려 해도 큰 나라 허락을 받아야 하는, 뭐 그런 어설픈 수준에 머물고 있다는 말씀이다.

그건 그렇고, 제왕이 된 뒤에도 그는 가만있지 못했다. 이제 제왕으로서 국가를 자유롭게 누리길 원했던 그는 기도를 올리다가 졸았거나 꿈속에서 기도를 했거나 암튼 둘 중 하나는 분명한 어떤 시간에 하늘의 음성을 들었다.

"이제 대강 좀 해라, 대강."

그는 눈을 번쩍 떴다. 대강이라면 맞아, 큰 강! 이렇게 외치고 나서 엎드려 있는 수많은 쫄따구들에게 자기 땅의 강을 모두 새로이 만들겠다고 선포했다. 물을 가까이해야 한다는 돌팔이의 조언과 도랑을 다뤄서 재미 본 기억도 한몫했지만 제왕은 이른바 '가오'가 다르지 않은가.

강이야말로 자연의 본모습이며 우리는 그저 거기에 깃들여 사는 존재다, 제발 정신 좀 차리라고 무지몽매들이 들고일어났다. 그는 당연히 듣지 않았다. 거기에 22조라는, 아무리 들어도 감이 안 잡히는, 노동자 김 씨가 하루 종일 일해서 버는 8만 원보다 어마어마하게 높은 액수의 돈을 쏟아부었다. 그가 사랑하는 기계들이 총동원되고 동업자들이 달려들었다. 파고 부수고 공구리 비벼, 저 알아서 흐르던 강을 막고 또 막아 곳곳에 커다란 물그릇을 만들었고 이것으로써 가뭄과 홍수 대비는 끝났다는 큰소리를 그를 찍었거나 안 찍었거나 상관없이 모두 들어야 했다.

그가 흔한 사람 중 하나였다면 강 옆에서 매운탕집을 하거나 동네 목욕탕이나 하나 차려놓았을 터인데 제왕이었기에 그 나라 강줄기가 모두 뒤바뀔 수 있었던 것이다. 이렇게 그의 영토에서는 그 자리에만 오르면 마음대로 해도 되는 권능이 부여되었다.

 제왕에게서 같은 인간의 공통점이 느껴지지 않는다고 혈선사는 체머리를 흔들었다. 그리고 존재에 대한 탐구로서 제왕을 두고 오래 묵상한 끝에 마침내 두 가지 추측을 내놓았다.

 첫째로는 오래전 오리온 별자리에서 날아온, 그러나 이 별 원주민 수준이 너무 낮은 탓에 공사 현장 데모도로도 쓸 수가 없어 '아, 별을 잘못 선택했군' 한탄하다가 그 자취가 불분명해져버렸다는 '포글래인泡契來人' 후손으로 일단 짐작된다는 것이다. 그리고 용의주도한 품성대로 두 번째 가설도 내놓았는데, 만약 도래인이 아니라면 제왕의 전생은 궤짝에서 오래 묵은 돈뭉치 자체였다는 것이다.

 어쨌든 제왕은 자신의 뜻한 바를 이루고 물러났다. 그리고 오래가지 않아 심한 가뭄이 들었고 해갈되지 않기에 이르렀다. 물을 너무 훌륭히 가둬둔 바람에 정작 그 물이 필요한 곳은 말라 죽어가는 비극이 시작된 것이다. 논바닥은 갈라졌고 작물은 그대로 화석이 되어갔다. 가둬둔 물은 썩어 벌레와 녹조가 창궐했으며 물고기들이 떼를 지어 죽어나갔다. 이제는 트럭에 물을 싣고 논으로 옮기는, 전근대적인 방법을 써야 했다. 뒤이어 어느 강 하구 어민들은 "물고기가 살 수 없는 곳에서는 사람도 살 수 없다"고 구호를 외치며 데모를 시작했다. 그의 시도는 처절한 실패로 끝났다. 치수하겠다고 달려든 게 재앙이 된 것이다.

 '한 번의 재앙은 그다음 재앙에 의해서만 가려진다'는 믿음으로 그는 요즘 방에 가만히 앉아 있다. 새로운 제왕이 등극해서도 사고와 역병 같은 재앙이 계속되고 있기에 그의 입장에서는 다행이었다.

표준어 거부 운동을 제안한다

먼저 시 한 편.

　시골 버스 정류장에서
　할머니와 서양 아저씨가
　읍내로 가는 버스를 기다리고 있다
　시간이 제멋대로인 버스가
　한참 후에 왔다

　-왔데이!

　할머니가 말했다
　할머니 말을 영어인 줄 알고
　눈이 파란 아저씨가
　오늘은 월요일이라고 대꾸했다

—먼데이!

버스를 보고 뭐냐고 묻는 줄 알고
할머니가 친절하게 말했다

—버스데이!

오늘이 할머니의 생일이라고 생각한
서양 아저씨가
갑자기 노래를 부르기 시작했다

—해피 버스데이 투 유!

 오탁번의 〈해피 버스데이〉라는 시다. 재미있다. 그것만으로도 충분하다. 시가 재미있기 얼마나 어려운데. 이 시의 포인트는 사투리와 외국어의 만남이다. 전혀 섞일 일 없는 두 개의 세상이 우연히 만나 발음의 오해로 만들어진, 경상도 지역 언어가 아니면 절대 만들어질 수 없는 풍경이다. 또 있다.

'오매 단풍 들것네'
장광에 골붉은 감닢 날아오아
누이는 놀란 듯이 치어다보며

'오매 단풍 들것네'

추석이 내일모레 기둘리니
바람이 잦이어서 걱정이리
누이의 마음아 나를 보아라
'오매 단풍 들것네'

아시다시피 김영랑의 시 〈오매 단풍 들것네〉이다. 시인 백석까지 가면 지역 언어의 아름다움과 맛은 최고조에 이른다. 함경도 말이 이렇게 근사하다니, 감탄하게 된다. 이 모든 것을 표준어로 썼다고 쳐보자. 재미있고 없고를 떠나 시 자체가 완성되지 않는다. 시만 그런가. 소설은 더 풍성해서 일일이 인용을 못 할 지경이다.

내 주변에서 내려오는 이야기만 두어 개 해보자. 거문도 인근, 어느 섬에서 있었던 일이다. 대략 1970년대 초 정도 되었을 것이다. 17살 어린 아가씨가 서울로 식모살이를 갔다. 왜 그만뒀는지는 모르겠지만 석 달 뒤 그녀는 당시 유행하던 옷을 차려입고 화려한 화장까지 한 채 고향으로 돌아왔다. 뾰족구두라고 부르던 하이힐도 신었을 것이다. 전보 연락을 받은 어머니가 선착장으로 마중을 나왔다. 소식 듣고 친구들도 모였다. 이 아가씨, 우아한 자태로 배에서 내렸고 10년 만에 돌아온 것처럼 손바닥으로 햇볕 가리며 마을을 천천히 둘러보면서 입을 열었다.

"아, 고향 산천은 그대로구나."

그리고 일일이 인사를 했다. 서울 말투로. 길자야, 안녕, 양순아, 잘 지냈니? 어머, 어머니. 그동안 별고 없으셨어요? 아니, 이 애가 왜 이러지? 친구들은 뚱한 표정을 짓다가 돌아갔다. 어머니는 연신 고시랑거리는 딸애 뒤를 따라 묵묵히 집으로 돌아왔다. 그 정도에서 그만뒀어야 했다. 당시 서울 한번 가보는 것 자체가 몹시도 어려웠으니 석 달이나 살았다면 그럴 수도 있으니까. 하지만 이 아가씨, 못 참고 더 나가고 말았다. 마당에서 서성거리는 닭을 보며 이렇게 말했단다.

"어머니, 저 새는 무슨 새예요?"

견디다 못한 엄마가 폭발했다.

"니 에미 씹새다, 이년아."

그러니까 서울말 때문에 생긴 해프닝이다. 하나 더 해볼까? 이건 손홍규 소설가에게 들은 것으로 고향인 전북 정읍의 어느 동네 이야기란다. 공장 생활 하러 서울로 떠난 딸이 1년 만에 돌아왔다. 안색이 좋지 않았다. 선물 꾸러미를 내려놓고 절을 마친 딸은 주저주저하다가 눈물을 흘리며 이렇게 실토했다.

"아부지, 나 임신해부렀어라우."

그때까지 가만히 딸만 바라보던 아버지는 저 섬마을 엄마처럼 폭발했다.

"이년 봐요. 서울 간 지가 언젠디 아직도 사투리를 쓰고 자빠졌네."

내친김에 하나 더. 참으로 기가 막힐 일이지만 워낙 블랙 유머 같은 내용이라 들은 그대로 옮겨본다.

5공 때 운동권 학생들 잡아들여 취조하고 고문하던 사람이 있었다. 김대중 정권 시절 퇴임했는데 그가 사석에서 한 말이란다. 정리해보면 이렇다. 애들을 잡아 조지다 보면 경상, 충청, 전라, 이 삼남三南의 특색이 모두 다르다는 것을 알 수 있다. 우선 경상도 애들은 잡아 올 때 제일 시끄럽다. 그런데 한번 조지면 단번에 다 분다. 다음 날 또 조져봐도 어제 분 것이 전부이다. 반면 전라도 애들은 조진 만큼만 분다. 요만큼 조지면 요만큼 나오고, 조만큼 더 조지면 쪼금 더 나온다. 잔머리 끝내준다. 가장 무서운 애들이 충청도다. 젤 세다. 우선 잘 잡히질 않는다. 석 달 동안 공작해서 위원장급 하나를 간신히 잡아들인 적이 있다. 그런데 이 애가 끝까지 뻗댔다. 아무리 조져봐도 "아이구 죽겄네. 그게 아니란디 왜 이러신데우" "아 글쎄, 잘못 아신규. 그러지 말구 내 말 점 들어봐유" 했다. 보름간 그랬다. 아무래도 엉뚱한 놈을 잡아 온 것 같다, 결론을 내리고 풀어주었다. 나중에 알고 보니 그 애는 진짜였다. 그래서 제일 무서운 놈들이다. 뭐 이런 내용이다.

내가 어떤 술좌석에서 이 이야기를 했는데 입에서 입을 거쳐 김사인 시인에게까지 전해졌다. 그 말을 들은 김사인 씨는 이렇게 대꾸했단다(그는 충북 출신이며 말투가 아주 느리다).

"아마 개도 불라고 했을 겨. 불라고 하는디 안 분다고 조지고, 또 불라고 하는디 뚜드려 패고, 그러니 원제 불어?"

충청도 언어는 느리다고 소문나 있다. 김사인 씨는 내가 잘 모르고 있다고 했지만 사실 잘 아는 편이다. 나는 충남에서 십여 년을 살았다. 말 안 하고 가만히 쳐다보는 사람들, 정말 많았다.

충청도 언어가 느린 것은 정보를 모으는 중이기 때문이다. 이를테면 이런 풍경. 삼국시대 때 백제는 곡창지대였다. 평야 지역인 것이다. 저 멀리서 한 무리의 군사가 달려오면 생각에 잠기게 된다. '고구려일까, 신라일까. 아니믄 우리 백제 군대일까.' 수시로 침입을 당하고 잡혀갔으니 정보를 최대한 빨리, 많이 모아야 하는 상황이 백제 유민의 말버릇으로 굳어진 것이다, 고 나는 짐작한다. 그렇기에 자신이 무언가를 책임지는 발언도 잘 하지 않는다. 그 동네 살 때 시국 관련으로 여러 사람이 모이는 경우가 있었다. 토론이 끝나고 나면 해야 할 일들이 희한하게도 전부 나에게 할당되곤 했다. 당신이 제안했으니 이 정도 일은 맡아줘야 하는 것 아닌가. 맨 처음 발의한 이에게 내가 채근하면 그는 뜸을 들이다가 이렇게 대답했다.

"다 잘될 겨."

덧붙여보자면, 경상도는 말을 내뱉은 다음 정보를 모으는 편이다. 이를테면 왜적 침입이 잦았던 데다 산이 높아서 누군가 나타나면 재빠른 반응을 할 수밖에 없었을 것으로 나는 본다. '누꼬' '뭐꼬' 같은 말. 전라도는 모이는 만큼씩 뱉는, 그 중간 형태 정도. 어째, 전직 안기부 직원의 분석이 맞아떨어지는 것 같다.

전 세계에서 표준어를 지정한 나라는 단 두 군데

 지역 차이는 먼저 언어에 깃든다. 삼남을 포함한 강원, 제주, 경기 언어는 그 지역의 역사와 함께 흘러온 것이다. 자연환경과 생활 패턴, 동네 사람들이 공유하는 생각과 버릇, 모둠살이의 체계가 그 속에 다 들어 있다. 그러니 자연스럽게 산맥 이쪽저쪽이, 강 이편저편이 다를 수밖에 없다. 당장 내가 살고 있는 전남만 해도 광주, 목포, 보성, 순천, 여수, 광양, 그리고 섬 지역 언어가 조금씩 다르다. 뒤집어보면 다르지 않은 적 없었다. 저절로 그렇게 되는 것인데 다른 게 잘못인가. 발음의 고저장단에 무슨 죄가 있겠는가. 표준어 정책을 시행한 지 오래되었지만 지금도 계속 각 지역 언어를 쓰고 있는 것만 봐도 그렇다. 이거 안 없어진다.

 그런데 표준어라는 개념 때문에 이게 잘못되고 틀린 게 되어버린다. 표준어는 "교양 있는 사람들이 두루 쓰는 현대 서울말로 정함을 원칙으로 한다"고 정의되어 있다. 교양과 서울. 좀 웃기지 않은가. 이 기준은 어디서 온 걸까. 나도 서울서 산 적 있지만 잘난 척하는 사람은 많이 봤어도 교양 있어 보이는 사람 수는 다른 지역과 별반 차이 없었다. 길이나 무게, 부피 관련한 도량형과 달리 입에서 튀어나오는 말에 어떻게 '표준'이 가능할까? 그래서 나는 표준어라는 걸 통제의 한 방식으로 이해하고 있다. 이런 통제는 내 컴퓨터까지 점령했다. 소설을 쓰다가 '가시내'나 '지지배'라는 단어를 두드리면 컴퓨터가 '계집아이'로 고쳐버린다. 나한테 물어보지도 않고.

그마저도 수시로 바꾸어서 공부하기만 성가시다. 지난해에는 느닷없이 '딴지'라는 단어가 표준어가 되었다. '짜장면'처럼. 많은 사람들이 써서 그렇다지만 내 짐작의 두 번째는 국립국어원 연구원과 학자들 먹고사는 방편이라는 것이다. 자꾸 바꾸어야 자신의 역할이 생기고 월급이 나오니까.

듣자니 전 세계에서 표준어를 지정한 나라는 단 두 군데라고 한다. 하나가 우리고 또 하나가 북한이다. 나머지는 어쩌고 있는지 자료를 찾아보니 영국에서는 왕립표준영어원 설립을 추진했으나 국민의 자유로운 성향 때문에 무산되었단다. 미국은 공용어나 표준어를 못 박지 않고 뉴스나 쇼 프로에서 쓰이는 텔레비전 억양을 표준어와 비슷한 개념으로 취급하는 정도이고(억양을 가지고 놀리곤 하는데 그건 우리도 마찬가지이다), 일본 또한 표준어를 정하려는 시도는 있었으나 그 개념 자체가 국가권력의 개입과 통제를 포함하고 있다고 보고 거부했다고 전해진다. 대신 '많은 사람들이 알아들을 수 있는 현실의 일본어'라는 뜻에서 '공통어共通語'라는 개념만 생겼다는 것. 한마디로, 프랑스를 예로 들면 파리 언어가 있고 리옹 언어가 있는 것뿐이다.

표준어란 국가가 나서서 입을 통제하겠다는 발상 외엔 그 무엇도 아니다. 표준어가 꼭 필요하다고 생각하는 국어학자가 있다면 지금 당장 PC방에 가서 중딩들 대화하는 거나 한번 들어보길 바란다. 저 도도하고 광폭한 분노의 욕설들 말이다. 그게 아이들이 처한 상황을 그대로 드러내는 징표이다. 애들이 왜 이렇게 됐는지 따져보는 게 언어의 포장보다 더 중요하고 급한 일 아닌가. 내가 표준어 거부 운동을 제안하는 이유이다.

장어는 우리가 다 잡아먹었다

낚시꾼들은 저마다 어종에 대한 호불호가 있다. 참돔 낚시만 고집하는 사람이 있고 뱅에돔 사랑이 깊은 이도 있고 돌돔 낚시에다가 목숨 거는 꾼들도 있다. 물론 감성돔도 그렇다. 전갱이나 고등어처럼 많이 낚을 수 있는 걸 좋아하는 이도 많다. 다 저 맘이지만 낚는 방법과 채비는 서로 다르다. 이 채비에 저 고기가 무는 경우가 있기는 하지만 말이다.

나는 감성돔만 포기하면 낚시는 즐겁다, 라고 생각하는 사람이다. 생각해보니 돌돔도 그렇다. 두 가지 모두 준비하는 데 돈 많이 드는 데다 한 마리 노리고 종일 앉아 있는 방식이니까. 간혹 하기는 한다. 어쨌든 선호도로 따지면 이 네 가지 어종보다 더 높게 치는 것이 나에게 따로 있다. 장어이다. 맛있는 데다 먹고 나면 기운도 나니까. 그리고 무엇보다 내 오랜 추억 속에 이 장어가 깊이 박혀 있기 때문이다.

예전엔 장어가 흔했다. 횟집 가면 일명 아나고회가 가장 쌌던 기억들 있으실 것이다. 하지만 요즘은 싹 사라졌다. 귀해졌다는 말이다. 일반적으로 낚시에 장어가 물면 아나고이다. 우리말로는 붕장어. 그런데 우리 섬에서는 대형 장어만 따로 붕장어라고 부른다. 최소한 8킬로그램 이상은 나가야 한다.

 어른들은 이른 저녁을 먹고 밤낚시를 나갔다. 장어는 밤에 문다. 배라고 해봤자 통통배라고 부르던, 소구기관 엔진의 작고 낡은 거였다. 별을 헤다가 다리가 길게 늘어나거나 하늘을 나는 것은 쉬운데 달리기는 굉장히 어려운, 그런 희한한 꿈을 꾸면서 뒤척이고 오줌 마려워 요강 앞에 무릎을 꿇었다가 다시 잠드는, 제법 긴 시간을 보내고 나면 아침이었다. 그러면 그들이 돌아왔고 두 명이 맞잡은 바구니에는 내 허벅지만 한 붕장어가 한두 마리씩 들어 있었다. 어떤 때는 20킬로그램 넘는 것도 있어 이게 물고기인지, 이무기인지, 이미 용이 되는 중인지 혼동될 정도였다.
 그럴 때마다 어른 사내란 이런 거구나, 생각에 잠기곤 했다. 원양어선이나 무역선 타고 지구 반대편을 돌아다니다가 2년에 한번씩 돌아오거나 밤바다 나가 이런 크기의 장어를 잡아 오는 존재. 그러나 내 고민과는 상관없이 낚시 다녀온 어른들은 쓸개를 터뜨려 소주에 그 즙을 타서 마시고 잠이 들었다. 그러면 아낙이 식칼로 해체를 하는데 한 덩어리 잘라놓은 것만도 들고 있기 버거웠다. 뼈 굵기도 대단해서 끓이려면 가마솥이 필요했다. 이런

저런 채소도 들어갔는데 말려놓은 고사리와 토란대는 꼭 있었다. 저녁에 먹을 거여서 그걸 기다리는 나에게 낮은 지난밤만큼이나 길었다.

이른 저녁이 되면 마을 주민들 대부분이 모였다. 몇 시간 동안 곤 장어탕은 수프처럼 걸쭉하게 변해 있었다. 생선 살이란 게 오래 삶으면 딱딱해지고 맛도 떨어지는데 장어는 부드럽게 풀어졌고 뼈 국물까지 어우러져 아주 진했다. 아, 그 맛. 이빨이 쩍쩍 달라붙는 양질의 단백질과 기름기의 조화. 어른, 아이 빙 둘러앉아 한 그릇씩 받아서 어허, 어허, 신음 비슷한 소리를 내며 퍼먹는 장면. 그 기운찬 풍경들. 어떤 생선도 이것을 대신할 수 없다. 그렇게 먹고 나면 아직 어렸던 나도 힘이 뻗쳐 시멘트 벽을 공연히 발로 차곤 했다.

이 정도 크기면 나이가 많다. 정확히는 모른다. 이젠 그런 크기는 구경하기가 정말 어렵다. 지금도 주민들이 한 번씩 나가는데 어쩌다가 한 마리씩 잡아 오는 정도이다. 최근에는 이런 일도 있었다.

종종 백도로 붕장어 낚으러 가는 후배가 있다. 백도는 거문도에 딸린 무인도로 문화새 명승 제7호로 지정되어 있다. 상륙은 못 하고 배낚시도 거문도 주민들 중 '손낚시 허가증'을 받은 사람만 할 수 있다. 혼자 가기는 아까우니 경력 많은 이들 몇몇이 함께 간다. 지난달 나도 한번 따라갔다. 그때는 목표가 검정 볼락이라서 장

어 낚시는 1시간밖에 못 했다. 아무도 못 낚았다.

그 팀에서 기가 막힌 소문이 들려왔다. 일주일 전 예의 몇몇이 다시 백도에 가서 12킬로그램짜리 하나를 낚아 왔단다. 보통 크기 몇 마리와 함께. 오랜만에 소원 푼 것이다. 이러면 돌아오는 발걸음이(물론 배 몰고 오지만) 얼마나 흐뭇하고 든든한지 모른다. 아침노을도 유난히 아름답고 뱃전에 부딪히는 파도 소리도 음악처럼 들린다. 드디어 도착.

물칸(낚은 고기가 살아 있도록 하기 위해 물을 넣어두는 공간)에서 녀석을 꺼냈다. 이렇게 큰 것은 점잖다. 낚아 올릴 때는 미친 듯 요동을 치지만 그 뒤로는 대부분 얌전하게 있기 마련이다. 그런데 사람들이 붙잡고 배에서 내리려는 순간 이 녀석이 용을 썼고 바다에 풍덩, 하고 말았다. 그 충격. 그 허탈.

"뭐한다고 백도 장어를 거문도 앞바다로 옮겨놔?"

내가 놀렸을 때 후배는 힘없는 목소리로 이렇게 대답했다.

"그 자리에 통발 넣어놨어요."

그런다고 그게 그 통발에 들어가겠는가. 멀리멀리 가버리지. 단지 서운해서, 뭐라도 안 할 수가 없어서 그렇게 했던 거다.

뭐가 좀 난다면 우르르 달려들어 몰살시켜버리는 것

 지금까지 내가 낚은 것 중 가장 큰 게 6.5킬로그램이었으니 우리 동네에서는 명함도 못 내민다. 대신 나는 마릿수로 채운다. 기록을 세운 적도 있다. 3년 되었나. 배를 구입하고 얼마 있지 않았을 때였다.

 이곳 거문도에 '외해 가두리'라는 게 있었다. 신개념 양식장으로 수심 25미터 내외에서 물고기를 키우는 방식이다. 상황에 따라 내리기도 하고 올리기도 하는데 수면 근처에서 키우는 일반 양식장 물고기보다 병이 없고 튼튼했다. 몇 년간 이 사업이 진행되었다. 그리고 끝내 실패를 하고 철수를 했다.

 어느 날 저녁, 파트너들과 그곳엘 갔다. 그동안 계속 먹이를 준 데다 구조물이 커서 그물이나 통발, 주낙 따위를 할 수 없었던 장소이니 장어가 있을 거란 예상. 예상은 적중했다. 채비를 내리는 순간, 장어가 물기 시작한 것이다. 세 명이서 낚시를 했는데 비록 자그마한 물칸이지만 두 개 모두 장어로 가득 찼다.

 며칠 계속 그랬다. 깊은 밤 우리가 돌아오면 마을 사람들이 구경하러 몰려나오곤 했다. 어디서 낚았느냐고 보는 사람마다 물어왔다. 이러면 포인트를 비밀에 부치고 싶은 게 사람 마음이다. 우리는 대충 '쩌어기'라고 하거나 '바다에서'라고 대답했다. 하지만 들통나는 건 금방이다. 배 몰고 나가면 우리 배가 낚시하고 있는 장면이 뻔히 보이니까. 지나가는 배마다 우리 쪽을 보면서 많이 잡으라고 인사를 하곤 했는데 그 순간 그들이 GPS에 위치 표시를 하고 있다는 것도 모르지 않았다.

수심 50미터에서 연거푸 릴 감아올리느라 어깨가 무너질 지경이었다(그 뒤 우리는 전동 릴을 사게 된다). 한 장소에서 낚시로 이렇게 많은 장어가 연거푸 잡힌 적은 없었다. 장어는 '나와바리' 개념이 강해서 서로 일정 부분 떨어져 사니까.

덕분에 날마다 구워 먹고 끓여 먹고 선물할 곳에 선물하고 팔아달라고 하는 이에게는 팔아주었다. 훔쳐간 사람도 있었다. 한 아주머니는 누군가 훔치는 것을 보기는 했는데 프라이버시 때문에 누구라고 말하지 못하겠다고 했다. 하지 말라고 나도 말했다. 많이 잡아놨으니 까짓것 그거 한 마리 못 주겠느냐는 심정이었으니까.

지금은 어떨까, 궁금하실 것이다. 한 마리도 없다. 소문을 들은 주낙, 통발 배들이 우르르 달려들어 초토화해버렸다. 나는 우아하게 낚시로 한 마리씩 잡아 올리고 싶었는데 말이다. '우리 자리'라고 이름 붙인 그곳엘 지금도 간혹 가보긴 하는데 단 한 번 입질을 받지 못했다. 뭐가 좀 난다면 우르르 달려들어 몰살시켜버리는 것, 이서 요즘 참 익숙한 풍경이다. 그들이 아니더라도 우리가 다 잡아먹었을 테지만.

여기서 잠깐 한마디. 양식 고기면 우습게 보는 경향이 있다. 소, 돼지, 양, 닭 모두 기른 것 먹는 주제에 물고기만은 자연산을 높이 친다. 이거 별 의미 없는 짓이다. 한 가지 예로, 섬 주민들은 자연산 도미를 잘 안 먹는다. 농어도 마찬가지. 이왕이면 양식 먹는다. 훨씬 맛있고 고소하다. 자연산은 지나치게 담백하다. 심심하다, 에 가깝다. 물론 거문도처럼 멀고 깊은, 그리고 물이 잘 흐르고 깨끗한 곳에서 키운 물고기여야 한다(동네 자랑 좀 했다).

다시 장어. 자연산 민물장어뱀장어는 만나기 상당히 어렵다. 이 녀석은 강이나 하천, 저수지에서 낚시로 낚거나 겨울철 기수역(바닷물과 민물이 만나는 곳으로 여기서 뱀장어가 월동한다)에서 통발로 잡는데 마릿수가 많지 않다. 식당에서 파는 민물장어는 양식일 가능성이 아주아주 높다. 필리핀 근처 깊은 바다에서 태어난 이 녀석이 변태를 거치면서 우리나라까지 오면 손가락 길이의 실치 같은 모양이 된다. 그것을 잡아 키운 게 양식 뱀장어다. 자연산은 구경하기도 어려우니까 이래저래 그냥 양식 사 먹는 게 낫다. 문제는 양식을 자연산으로 속이고 파는 짓이고 그것을 속고 사 먹는 행위이다.

장어는 값싸고 좋은 생선이었다. 지금은 아니다. 어디로 갔을까. 다 우리가 잡아먹었다. 그래도 난 장어 낚시를 나간다. 보통 세 번 나가면 한 번 정도 잡아 온다. 낚시 시간도 길지 않다. 저녁 8시경부터 10시까지만 한다. 내 파트너들이 슈퍼와 식당을 해서 밤늦게까지 할 수가 없다. 혼자서 간혹 더 오래 해보았는데 보통 사이즈 한두 마리 더 낚았을 뿐이다.

대한민국의 부패를 온몸으로 막아내고 있는 분들이 있다. 각각의 현장에서, 학계에서, 언론에서, 정치판 언저리에서, 출판문화 쪽에서, 언더에서, 그리고 또 다른 곳에서. 어떤 사람을 말하는지 아실 것이다. 이들은 개인 이익을 좇지 않고 공동의 가치 실현을 위해 애를 쓰니까. 원고량 늘리는 짓이라고 오해 살 게 뻔하고 혹시나 빠졌다고 삐칠 수도 있으니 일일이 호명하지는 않겠다. 그분들 불러다가 예전 그 가마솥 뭉상어탕 힌 그릇씩 먹이고 싶은데 장어가 안 잡히니 도리가 없다.

마음이라도 알아주길 바란다.

우편배달부는 언제 벨을 울리나

노래 하나 듣고 시작.

> 가을 우체국 앞에서 그대를 기다리다
> 노오란 은행잎들이 바람에 날려가고
> 지나는 사람들 같이 저 멀리 가는 걸 보네
> 세상에 아름다운 것들이 얼마나 오래 남을까
> (…)
> 가을 우체국 앞에서 그대를 기다리다
> 우연한 생각에 빠져 날 저물도록 몰랐네

가수 김현성 씨가 만들고 부른 〈가을 우체국 앞에서〉이다. 우체국 앞에서 누군가를 기다리다가 바람에 멀리 날려가는 은행잎을 보며 존재에 대해 깊이 생각하게 되었다는 소리이다. 멋진 서정이다. 동사무소나 경찰서 앞이라면 이런 분위기 절대 안 만들어진다. 만약 세무서라면 잘해봤자 '내 피 같은 돈이 은행잎처럼 날아가네. 한여름 소나기와 지난겨울 눈보라에도 굳세게 버텼던 내 돈이 세금으로 다 사라지네' 정도 나왔을 것이다.

안도현의 시 〈바닷가 우체국〉에도 아름다운 표현들이 들어 있다.

> 나는 며칠 동안 그 마을에 머물면서
> 옛사랑이 살던 집을 두근거리며 쳐다보듯이
> 오래오래 우체국을 바라보았다
> (…)
> 우체국에서 편지 한 장 써보지 않고
> 인생을 다 안다고 말하는 사람들을 또 길에서 만난다면
> 나는 편지 봉투의 귀퉁이처럼 슬퍼질 것이다
> (…)
> 바닷가 우체국이 보이는 여관방 창문에서 나는
> 느리게 느리게 굴러가다가 머물러야 할 곳이 어디인가를 아는
> 우체부의 자전거를 생각하고
> (…)
> 그리고 때로 외로울 때는
> 파도 소리를 우표 속에 그려 넣거나
> 수평선을 잡아당겼다가 놓았다가 하면서

> 나도 바닷가 우체국처럼 천천히 늙어갔으면 좋겠다고
> 생각한다

인용이 좀 길었다. 본문은 엄청 기니 용서하시라.

거문도 인근 초도 의성마을에는 이 시 분위기와 흡사한 우체국이 있다. 바닷가에 커다란 팽나무가 서 있고 그 뒤에 작고 아담한 우체국이 자리하고 있는 것이다. 그곳을 볼 때마다 이런 생각을 하곤 한다. 내가 공무원 팔자도 아니고 하고 싶은 마음 또한 눈곱만큼도 없지만 어쩔 수 없이 해야 하는 상황이라면 저 우체국에서 근무를 하고 싶다는. 이왕이면 국장이 좋겠지만 그저 늙은 우체부라도 충분하다. 바다를 배경으로 배달 가방을 메고 나설 수 있으니까.

우체국에는 우편배달부가 있다. 좀 멀리 가보자. 컨테이너선 타고 유럽 갔을 때이다. 도착한 곳은 네덜란드 로테르담. 그곳의 특징은 우선 오래된 성城이 없다는 것이다. 유럽 여행을 하다 보면 가는 곳마다 커다란 성들이 떡하니 자리 잡고 역사와 문화에 대해 이해하라고 윽박지르다시피 하는데 그게 없었다. 이유는?

제2차 세계대전을 일으킨 히틀러가 작정을 하고 폭격을 한 곳이란다. 인구 1000만 명에 우리나라 경상도 정도 크기의 나라가 가장 찝찝해서 로테르담 항구를 일단 초토화했다는 설명이다. 그래서 그곳은 근대 이후의 건물만 있었다. 그건 그렇다 치고.

나는 새벽에 숙소를 나와 낯선 곳을 돌아다녔다. 인적 드문 길거리와 아직도 문을 닫지 않은 맥줏집, 그리고 자그마한 요트 계류장을 걸어 다니다가 한 젊은 여성을 발견했다. 스물이 갓 넘었으려나. 갈색 머리를 뒤로 묶은 그녀는 단정하고 수수했는데 붉은색 제복을 입고 붉은색 자전거를 타고 있었으며 거기에는 붉은색 가방이 매달려 있었다. 우편배달부였던 것이다. 그녀는 집집마다 돌아다니며 신문이나 서류 봉투, 편지로 보이는 것들을 집어넣거나 던지고 있었다. 찌릉찌릉, 간혹 벨 소리를 내며.

그 모습이 너무 좋아 나는 그녀를 따라다녔다. 방향이 지그재그라서 나는 지그재그로 걸었다. 한 블록 지나면 만나고 다시 한 블록 지나면 또 만났다. 나중에는 서로 웃으면서 눈인사도 했다. 맹세하건대, 중학교 2학년 이후 처음으로 여자 뒤를 따라가본 것이다. 고즈넉한 새벽 시간, 항구의 앳된 우편배달부. 그 모습만으로도 나는 네덜란드가 좋아졌다. 만약 그 사람이 경찰이나 다른 유니폼 차림이었다면 그러지 않았을 것이다.

우체국은 그 이름만으로도 아직 아름답다

요즘 사람들은 편지를 안 쓴다. 예전엔 사람과 사람을 이어주는 가장 보편적인 매개가 편지였는데 이젠 손편지, 하면 어색한 느낌마저 든다. 내 최초의 편지가 어떤 것이었는지도 기억나지 않는다. 아마 초등학교 때 의무적으로 쓰게 했던 국군 위문편지였을 것이다. 그것은 해마다 되풀이되었고 고등학교 1학년 때는 뜬금없이 어떤 하사한테서 답장이 와서 몇 번 주고받은 적이 있다. 별 재미는 없었다.

떠오르는 게 몇 개 있기는 하다. 10살 때 여수로 전학 가서 받았던 고향 친구의 편지. 섬에서 중학교 마치고 마산공단 산업체 부설학교로 갔던 여자 동창(당시 나는 그녀의 편지를 여러 번 읽었고 왜 그랬는지 모르겠지만 그것을 불에 태웠기 때문에 책상에 그슬린 자국이 오랫동안 남았었다)의 편지, 펜팔을 했던 대구의 여느 여고생(끝내 만나지는 못했다) 것도 있었다.

헤어지자고 보내왔던, 사랑하던 여인의 편지도 있었고 책 발간 신문 기사를 보고 자신의 억울함을 풀어달라던 사람(만나기는 했는데 내 힘으로 어찌해볼 수 없는 성질의 것이었다), 책 잘 읽었다는 독자들의 편지도 물론 있었다. 그것뿐이겠는가. 매 순간 오고 갔던 숱한 편지들. 그렇지만 지금 보관하고 있는 것은 아빠가 보고 싶다며 울고 있는 그림을 그려 보낸 딸아이의 어릴 적 편지들뿐이다.

편지는 먼 곳의 어떤 존재에게 보내는 말이다. 이것의 미덕은 소식과 안부를 봉투 속에 넣고 침 발라 우표 붙인 다음 우체통에 넣으면 우편배달부의 손에 의해 그 사람에게 전해지는 과정, 그리고 답장이 올 때까지 고스란히 기다려야 하는 시간까지 포함된

다. 그렇기에 인간관계 상관물과 상징으로 두루 쓰였다. 시와 노래가 그러하듯이. 안토니오 스카르메타의 《네루다의 우편배달부》는 얼마나 근사한 이야기인가. 영화 〈포스트맨은 벨을 두 번 울린다〉도 떠오른다. 물론 이 영화나 원작 소설에는 우편배달부가 나오지 않는다.

말 나온 김에 궁금한 것 하나. 왜 두 번일까. 첫 번째, 배달부는 벨을 한 번 누르고 아무 반응이 없으면 혹시나 싶은 마음에 한 번 더 누른단다. 바빠서 세 번까지 눌러줄 여유는 없다. 내가 배달부라도 그럴 것 같다. 또 하나. 원작 작가가 신문에 실린 선정적인 기사를 읽게 된다. 어떤 남자가 아내와 그녀의 정부에 의해 살해당했다는 내용인데 아내는 그 전에 남편 명의로 상해보험에 가입했고 보험 지급증서를 자신에게 직접 전해달라고 배달부에게 부탁했으며 초인종을 두 번 울리는 게 신호였다는 것. 인터넷에서 찾아본 내용으로, 덕분에 별로 중요하지 않은 궁금증이 풀렸다.

우체국은 그 이름만으로도 아직 아름답다, 가 내 생각이다. 이곳 거문도에는 수협과 농협이 더 있다. 그런데 나는 우체국만 상대한다(이 말 들으면 서운하겠네). 초도와 달리 바닷가는 아니지만 우체국 갈 일이야 꼭 생긴다. 공과금 내고 돈을 찾거나 소포로 책을 부칠 때이다(그러고 보니 나도 이제 편지를 쓰지 않는다). 그건 금방 끝나는데 그냥 돌아오기 공연히 서운하다.

그러면, 일부러 이유를 만들어 가장 멋진 옷과 모자를 걸치고 오일장 나갔다가 친구들 찾아 대폿집 전전한 끝에 종내에는 마구 흐트러져버린 자세로 돌아오는 육지의 촌로처럼, 나도 그렇게 된다. 아는 집에 들러 커피 얻어 마시고 짜장면도 사 먹는다. 하다못해 슈퍼에 들러 사이다라도 한 캔. 그러다 종종 술이 시작되어, 저 비틀거리는 촌로처럼 뭐라고 혼자 씨부렁대며 돌아오곤 하는 것이다.

요즘은 풍경이 많이 바뀌었다. 우체국이 택배 보내고 받는 곳으로 전락해버렸다. 갈치나 삼치가 좀 나기라도 하면 이른 아침부터 얼음 포장한 스티로폼 박스가 산더미처럼 쌓여 있어 다른 일은 보지도 못한다. 배달부도 오토바이 타고 다닌다. 청년 둘이서 몇 개 마을을 맡고 있으니 걸어서는 턱도 없다. 거문슈퍼 앞 평상에 앉아 있으면 그 둘이 바쁘게 오가는 모습을 다섯 번은 보게 된다.

그중 3년 차 막내 배달부에게 물었다. 이 직업의 가장 큰 보람이 무엇인가. 짐작대로, 사람들이 기다리는 것을 직접 전달해줄 수 있는 것, 모두들 반갑게 맞아준다는 것, 그렇게 누군가를 즐겁게 해준다는 게 최고의 매력이라는 대답이 돌아온다. 물론 돈 내라는 고지서나 경찰서, 법원 같은 데서 오는 우편물도 있지만 말이다. 그렇다면 반대는?

"하도 오토바이만 타고 다녀서 하체가 부실해져요."

그의 불만은 그뿐이었다.

우체부 아저씨, 이젠 이 단어가 주는 아련한 맛이 점점 사라지고 있다. 갈수록 사라지는 아날로그들. 우체국만큼은 옛날 모습

그대로 있으면 좋겠다. 그러나 쇼핑몰을 운영한 지 한참 된 데다 요즘은 핸드폰까지 판다. 들어보니, 우체국은 일반회계가 아닌 특별회계에 의해 운영이 된단다. 국민 세금으로 월급을 받는 게 아니라 스스로 벌어서 충당한다는 것. 서울과 경기 지역 외에는 모두 적자라는 설명. 그러니 뭐라도 팔아야 하는 상황인 것이다. 우체국이 다른 정부 조직에 비해 한쪽으로 밀려나 있다는 게 한눈에 들어온다. 기상청처럼 '청'으로 독립하길 원하지만 요원해서 그저 간신히 연명이나 하고 있단다.

그러면서 소년, 소녀 가장 지원을 하고 있다. 무엇보다도 우편배달부가 각각의 집구석 사정을 속속들이 알고 있기 때문이다. 아이들 고생하는 게 뻔히 보이니까 안 도와줄 수 없다. 이게 같은 시대를 사는 사람들이 가져야 할 기본 품성이다. 제안 하나. 복지 행정을 우체국과 연계하면 실효성이 높아지지 않을까? 이들의 촘촘한 행보를 전달의 기능만으로 끝내는 게 아깝지 않은가. 더 나아가, 재산 빼돌린 다음 기초생활 수급비 같은 거 받아먹는, 우리 세금으로 고급 자가용 타고 다니는 족속들(다들 주변에 여럿 있을 것이다) 색출하는 데 이들의 도움을 받으면 어떨까 싶다.

주아와 수연이

주아柱娥라는 아이가 있다. 시간을 좀 거슬러보자. 전북 부안 출신의 씩씩한 청년이 있었다. 그는 모 건설회사에 입사하여 3년간의 해외 근무를 마치고 돌아온 다음 광양제철 건설 현장으로 파견이 된다. 그곳 사무실에서 여상을 갓 졸업하고 입사한, 전남 벌교 출신의 아가씨에게 반한다.

결혼은 쉽지 않았다. 우선 나이 차이가 컸다. 일단 저질러놓고 보자는 심정으로 청년은 청첩장부터 찍어서 아가씨 집으로 찾아갔다. 최소한 궁합이라도 보자며 어머니는 방어막을 쳤다. 청년은 장모님이 찾아갈 예정인 점집을 알아냈다. 그리고 먼저 쫓아가 약간의 뇌물을 먹였다. 궁합보다 더 크고 강렬한 게 사랑이니까. 당시 한 번 보는 데 2만 원이었는데 5만 원을 주었다. 점쟁이는 부탁을 들어주었다. 단, 일요일은 안 좋으니 토요일에 식을 올리라고 조언했다. 덕분에 예식장 예약 날짜를 바꾸고 청첩장도 다시 찍어야 했다. 그렇게 언니가 태어나고 주아도 세상에 나왔다.

아이 인생이 시작되었다. 9개월 만에 걷기 시작했다. 빨랐다. 그냥 아장아장이 아니라 러닝머신 위를 걸었다. 보통의 아이들은 첫돌 때 간신히 발자국 뗀다. 이 정도면 독보적인 운동신경이다. 이 운동신경은 훗날 체육 시간 물구나무서기 시험 때도 빛을 발한다. 딱 하룻저녁 연습하더니 다음 날 완벽하게 해냈다.

아이는 자라면서 떼를 쓰거나 앙탈 한번 부린 적 없었다. 전혀 속 썩이지 않았다는 소리이다. 어느 정도인가를 알려주는 장면이 있다. 온천 시추 작업 다니던 아빠 일이 잘 풀리지 않았다. 엄마가 회사에 취직하게 된다. 문제는 어린이집 끝나는 시간과 엄마가 퇴근하는 시간이 한참이나 어긋난다는 것. 고민이 깊어지자 아빠가 결단을 내렸다.

"우리 주아라면 해낼 수 있을 것이다."

그러니까 5살짜리 아이 목에 보조키 목걸이를 걸어준 것이다. 아이는 혼자 문 따고 집으로 들어갔다. 누굴 찾지도, 칭얼대지도 않았다. 요구르트를 찾아 한 모금씩 빨며 공책에 그림을 그렸다. 보조키를 깜박 잊고 온 날에는 현관에 기대앉아 언니나 엄마가 올 때까지 기다렸다. 그런 날은 종종 잠이 들곤 했다. 늦은 오후 햇살을 받은 채 약간 기울어진 모습으로 잠들어 있는 아이. 잠든 아이를 비추는 석양빛. 작고 여린 손. 앙증맞은 신발. 반쯤 열린 귀여운 입술. 5살짜리 주아.

그 외에는 실컷 뛰어놀았다. 이제 그만 놀고 이것을 해라, 저것을 해라, 엄마는 그런 말 하지 않았다. 스스로 판단해 그만 놀 때까지 그냥 두었다. 어느 철학자는 이렇게 말했다. "사람은 다른 사람의 목표를 내 목표로 한다." 부모나 교사가 요구하는 것을 아이들은 자신이 원하는 것으로 착각한다는 소리다. 그래서 성장한 다음 다른 사람의 것과 내가 하고 싶어 하는 것이 서로 충돌한다. 당연히 괴롭다. 이 고통을 겪는 사람 의외로 많다. 주아 엄마 아빠는 그러지 않았다. 어떤 사람들은 철학자가 쓴 어려운 책에서 배우지만 생활에서 이미 그런 수준으로 살고 있는 사람도 있는 것이다. 아이는 그 덕에 어릴 때부터 자유로웠다. 그리고 훗날 이렇게 말하게 된다.

"엄마, 그때 나를 맘대로 놀게 해줘서 정말 고마워."

주아는 모든 것을 혼자 해냈다. 학원 고르는 것도, 옮기는 것도, 자신이 판단해서 선택했다. 할 수 있는 것과 할 수 없는 것, 해야 되는 것, 해서는 안 되는 것을 분명하게 정해놓은 다음 그것들 사이에서 혼란스러워하지 않았다.

아빠는 택시 일 나가기 위해 날마다 4시에 깼다. 눈을 떠보면 주아 방은 아직 불이 켜져 있었다.

"아직도 안 자고 공부한 거야?"

그렇다고 주아는 대답했다.

"잠을 푹 자야지."

"이제 잘 거야. 아빠 일어나는 것 보고 자려고."

아빠는 현관을 향해 반듯하게 놓여 있는 네 켤레 신발 중 자신

의 것을 신고 나갔다. 식구들 신발을 현관 쪽으로 가지런히 놓아두는 것이 주아의 버릇이었다. 음식점 종업원처럼.

집에 있고 가슴속에 있고 내 주변 어디에나 있다

수연秀娟이는 춤과 노래를 좋아하는 수재이다. 중학교 2학년 때 만난 희정이와 단짝이었다. 둘은 이틀이 멀다고 만나 수다를 떨고 공부를 했으며 노래방도 종종 갔다. 옷 가게 골목을 싸돌아다니기도 했는데 어떤 날은 13시간이나 계속 같이 놀기도 했다. 학원도 같은 곳을 다녔다. 고등학교만 서로 달랐다.

춤은 좀 엉뚱한 곳에서 췄다. 백화점 화장실 옆 창고 입구 같은 곳에서 좋아하는 노래가 나오면 수연이 혼자서 마구 몸을 흔들었다.

"내 꺼 하자 네가 날 알잖아 어? 네가 날 봤잖아 어? 내가 널 끝까지 책임질게 같이 가자 힘든 길 걷지 마 어?" 인피니트의 〈내 꺼 하자〉가 나오면 가볍게 턴을 한 다음 무언가를 노려보며 무릎을 구부렸다가 펴고 격투기나 육상 선수 출발 준비 같은 자세를 거쳐 제자리 뛰기를 했고, "빛이 되어줘 까맣게 가려진 맘을 너로 밝혀줘 oh 얼어붙은 날 녹여 지나치게 눈이 부셔서 딴 놈들 쳐다보지 못하게" 블라비의 〈빛이 되어줘〉가 나오면 손을 올렸다 내렸다 하며 걸어 다니다가 엉거주춤한 자세의 회전까지 되풀이한 다음 순간 동작을 멈추곤 했다. 보통 끼가 아니다. 이런 경우, 자신의 끼를 집에서 보여주는 측과 바깥에서만 드러내는 측으로 나뉘기 마련이다. 수연이는 후자 쪽이었다.

사진 찍히는 것은 싫어했다. 얼굴부터 가렸다. 특히 작은 눈이 콤플렉스였다. 아빠는 그게 이상했다. 부부 모두 쌍꺼풀에 눈이 큰 편이었으니까. 그는 아내가 처녀 때 쌍꺼풀 수술을 했다는 것을 나중에야 알게 됐다. 노력은 결실을 얻는 법. 결국 고등학교 2학년 올라가던 해 1월 3일, 수연이는 쌍꺼풀 수술을 했다. 없던 게 생기자 이마를 시원하게 드러내는 것으로 헤어스타일을 바꾸었다. 카메라를 들이대도 그대로 있었다.

수연이는 외동딸이다. 엄마가 약을 입에 달고 살아서 둘째 낳을 생각을 안 했다. 태몽은 아빠가 꾸었다.

"머리를 이렇게 풀어헤친 귀신이 나타나기에 이단 옆차기로 차서 넘어뜨렸고 주먹으로 두들겨 패서 쫓아냈지요. 그러고 나니 속이 아주 시원했어요."

이걸 태몽이라 불러도 되는지는 모른다. 다만 약한 아내와 가녀린 갓난아이를 둔 가장의 위치와 역할이란 게 그런 것이다. 모든 위험으로부터 지켜내고 싶은.

태어난 날은 1997년 8월 12일 아침 10시 30분. 그 날짜, 그 시간에 태어나면 우주로부터 뜨거운 불의 기운을 받는다고 한다. 범

상치 않은 두뇌에 재주가 많고 자기표현에 능하며 심지가 굳다는 특징이 그 불기운 속에 오롯이 들어 있다. 수연이는 딱 그렇게 자랐다.

어렸을 적 장면 하나.

엄마가 약 기운에 눌려 잠이 들어버렸다. 혼자 문 열고 들어온 아이는 옆에 앉아서 조심스럽게 '엄마'를 부르며 괜찮으냐고 물었다. 조그마한 얼굴에 걱정이 가득했다. 그 모습이 기특해 아빠가 커다란 흰곰 인형을 선물로 사주었다.

어느 날 엄마가 슈퍼 다녀오라는 심부름을 시켰다. 태어나서 첫 번째 심부름으로, 이 정도는 해내지 않을까, 하는 실험 성격이었다. 아이는 제 몸만 한 곰 인형을 들고 나갔다. 그런데 시간이 지나도 돌아오지 않았다. 달려 나가보니 이미 갔다는 슈퍼 주인의 말. 엄마는 마음이 바빠져서 이곳저곳을 뛰어다녔다. 도대체 어디로 갔을까.

아이는 한 손에 봉지를 들고 다른 손으로 인형을 안은 채 버스 정류장에 서 있었다. 마치 버스를 기다리는 모습으로. 왜 그랬을까. 혹시 곰 인형의 고향인 북극행 버스를 기다렸던 것은 아닐까? 6살 때였다.

엄마는 아이 머리카락을 자르지 않았다. 딸아이를 낳게 되면 꼭 긴 머리 소녀로 키워보고 싶은 소망이 있었던 것이다. 수연이는 그렇게 됐다. 긴 머리를 휘날리며 달려오는 아이. 엄마는 그 모습이 너무 멋있었고, 예뻤고, 고마웠다.

그리고 날마다 아이와 눈을 맞추었다. 아이들이 학교에 갈 때는 정신없기 마련이다. 늦잠을 자기 마련이고 준비물도 많고 밥도 먹어야 해서 부산스러운 시간을 보내기 일쑤다. 다녀오겠습니다, 외치고 뛰쳐나가는 것, 그게 그 나이의 일반적인 모습 아닌가.

수연이는 좀 달랐다. 거의 매일, 현관 나가기 전 엄마와 몇 초간 서로의 눈을 마주 보았다. 오래전부터 저절로, 암묵적으로, 그렇게 해온 것이다. 서로가 눈을 맞춘다는 것. 얼마나 중요한 행위인가. 사랑과 친밀과 신뢰. 세상 좋은 모든 것이 그 짧은 시간에 이루어지고 확대되고 비축되었다. 학교나 학원에서 돌아와서도 그랬다. 그것으로 충분했다. 두 눈동자 안에 모든 게 다 들어 있으니 말이다.

짐작하셨는지 모르겠지만 주아와 수연이는 세월호를 탄 2학년 1반 학생들이다. 내가 이 두 아이와 가까워지게 된 것은 단원고 희생자 약전略傳 사업 때문이었다.

주아는 언니가 선물로 주었던 지갑을 두 손으로 꼭 쥔 채 떠올랐다. 수연이는 빈 가방과 함께 일주일 만에 떠올랐다. 주아 엄마는 이렇게 말했다. "집에 있고 가슴속에 있고 내 주변 어디에나 우리 주아가 있다." 아빠는 응접실에 이렇게 써놓았다. "못 해준 것만 떠오르는 게 사랑이다." 수연 아빠는 이렇게 말했다. "천지가 뒤집혔는데 세상이 그대로인 게 정말 이해가 안 된다."

이토록 아름답던 아이들이 죽어버렸는데 이를 대하는 정부와

새누리당의 비겁하고 비열한 태도는 어떻게 설명해야 할까. 세월호 참사 특별조사위원회 활동을 방해하며 필요할 때 그저 노란 리본만 단다. 한 번이라도 아이들 한 명 한 명의 얼굴과 인생을 생각해봤을까. 사람이라면 최소한 이래서는 안 된다. 이따위로 대처하는 데에는 단 한 가지 이유만이 가능하다. 밝혀지면 안 되는 무서운 비밀이 있는 경우에만.

우측통행을 하면 알파파가 나온다?

    5년 전 갑자기 우측보행을 하라는 지시가 내려왔다. 오른쪽으로 걸으라는 문구가 곳곳에 붙었다. 이곳 등대 가는 길에도 그게 붙었다(지금도 붙어 있다). 그때까지 왼쪽으로 걷던 사람들은 부랴부랴 반대쪽으로 걸어야 했다. 국토해양부로부터 연구 용역을 받은 한국교통연구원의 보고서가 근거였다. 그러나 거기에 등장한 실험 대상자 숫자와 심장박동 수 데이터 수치가 원본과 달랐다는 게 이번에 밝혀졌다.

    상당히 웃기게도, 당시 홍보 영상에는 우측보행을 할 때 알파파 α wave가 많이 발생한다는 내용이 들어 있었다. 이것도 조작이라고 들통났다. 그럴 것이다. 내가 대한민국 최고의 멍청이라고 가정하고 생각해봐도 알파파가 나온다는 게 납득이 안 된다. 우측통행이란 단지 오른쪽에 벽을 두고 걷거나 왼편으로 마주 오는 사람들을 바라보며 걷는 것 아닌가.

    알파파는 우리의 의식이 심내부로 들어가는 중간 단계에서 발생하는 것으로 호흡이나 명상으로 인해 심신이 극히 안정된 상태일 때 나오는 뇌파의 한 형태이다. 정신 수련을 해야 가능하다는 소리이다. 난 오래전 이런 수련 비슷한 것을 받은 적이 있어 비교적 알고 있는 편이다.

그때 배운 게 정신력으로 병을 치료하는 요법이나 벽 속으로 들어가는 법, 사람 많은 시내버스에서 곧 빌 자리를 찾아내는 방법 같은 것이다. 물론 요즘 나는 정신은 말쌍하지만 이런저런 병에 시달리고 있고 벽 속에 들어가지도 못한다. 이해하실 것이다. 우리 대부분은 학교에서 영어를 10년 넘게 배웠으나 외국인 앞에서 한마디 하는 것도 버거워하니까.

단, 이건 궁금하실 것이다. 시내버스에서 곧 내릴 사람을 찾아내는 방법 말이다. 좀 야바위 냄새가 풍기기는 하지만 그래도 알고 싶다면 조금 기다려보시라. 이따가 여유가 있으면 가르쳐드리겠다.

그 프로그램에는 인상적인 게 여럿 있었는데 대표적인 게 식물에게서도 뇌파가 나온다는 거였다. 뇌파 측정기를 붙이니 실제 파동이 흘러나왔다. 내가 눈으로 확인한 것이다. 강사 말에 의하면 측정기를 붙이고 나뭇가지를 부러뜨리면 파동이 매우 급해지는데, 아프거나 위기를 느끼고 흥분을 한단 소리란다. 더 재미있는 것은 사흘 뒤 가지를 부러뜨린 사람이 다가가면 나무가 같은 반응을 보인다는 것. 알아본다는 소리. 이제 콩나물도 함부로 못 다듬겠네, 나는 생각했다. 한 가지 아쉬운 것은 마지막 날 초대 손님으로 당시 유명했던 청산거사가 오기로 했는데 낮술 마시자는 친구의 유혹을 이겨내지 못하고 땡땡이를 치고 만 것이다. 그래서 못 만나봤다.

 말이 옆으로 샜지만 그때 배운 게 알파파이다. 그 홍보 영상이 맞는다면 지난 5년간 우측통행을 한 우리들은 도사까지는 아니더라도 제법 차분하고 사려 깊은 인간들로 바뀌어 있어야 한다(운동장 달리기도 오른쪽으로 회전하는 게 좋지 않을까?). 하지만 니미럴, 주변을 둘러보자, 그런 사람이 한 명이라도 새로 생겼는지.

 알파파를 만들어내기 위해서는 귀찮고 까다로운 수련 말고도 방법이 있기는 하다. 백사장에서 부드러운 파도 소리를 들으면 된다. 정확하게 말해보자면 파도 소리가 우리를 알파파가 나오는 내부 의식으로 유도하는 것이다. 그래서 화해하거나 어려운 부탁을 할 때 바닷가를 걸으면 효과가 좋다. 그런데 파도 소리와 우측보행. 아무리 눈을 부릅뜨고 들여다보아도 그 둘의 공통점이라고는 글자 수가 네 개라는 것 외에 아무것도 찾아낼 수 없다.

 우측통행이 좌측보다 소통이 더 원활했다는 실험 결과도 잘못이었다. 정부가 좌측통행이 일제의 잔재라고 적극 홍보한 것도 근거를 찾을 수 없었고, 우측이나 좌측 등 한쪽으로만 통행을 규제할 때 길이 더 막힌다는 실험 결과도 나왔다. 이 대목에서 유행하는 말 한마디. 헐.

 내 이럴 줄 알았다. 국가가 나서 국민들 걸음 방향까지 정해주는 것부터가 어색하기 짝이 없는 짓이니까. 뭔가 수준 있는 연구 결과라고 믿고 오른쪽으로 걸어 다닌 사람들, 바보 됐다. 선진국

됐다더니 이런 식으로 바보들만 창궐하고 만 것이다.

이렇게 말한다고 해서 내가 공중도덕을 안 지키는 사람이 아니다. 반대로 잘 지키는 편이다. 줄 잘 서고 쓰레기를 버리지 않는다. 금연 구역도 잘 지킨다. 침은 간혹 뱉지만 사람 없는 곳에서만 그런다.

무엇보다 기차나 버스, 여객선을 타면 휴대폰을 무조건 진동으로 바꾸어놓는다. 주변 사람들에게 불편함을 주면 안 된다고 굳게 믿고 있기 때문이다. 그래서 다른 사람들이 잘 지키지 않을 때는 신경질이 난다. 가장 흔한 게 대중교통 안에서의 행태들이다. 끊임없이 울리는 벨 소리와 큰 목소리로 하는 통화, 휴대폰으로 텔레비전을 보거나 음악을 틀어놓는 짓, 신발을 벗는 행위 따위 말이다. 웬만하면 참지만 심하다 싶으면 말을 하게 된다.

제기랄, 그러면서 우리한텐 오른쪽으로 걸으라고?

단 하나, 길 걷는 방향만큼은 개기고 싶다. 모든 사람들이 한쪽으로 줄 서서 걸어 다니는 모습, 이거 영화에서나 보는 전제專制 국가의 상징 아닌가. 더 나아가 우측통행 강요가 마치 우익이 되라는 뉘앙스로도 들려 국토해양부 담당 공무원들이 '오바질'을 했다고 짐작된다. 당시 포클레인을 신처럼 모시고 있던 삽질 정권 때였으니 우리도 이런 연구 할 수 있다고 뻐기고 싶었을 것이다. 토건 세력에 밀린 책상물림들이 어떻게든 칭찬받을 만한 성과물을 내고 싶었을 것인데 반은 성공한 셈이다. 말 그대로 허공에 삽질했으니까.

오해할까 봐 밝히는데 난 스스로 좌파라고는 생각지 않는다. 단지 양심과 이성을 중요하게 생각하면 좌파라고 붉은 물감 뒤집어씌우는 나라에서 세금 내며 살고 있을 뿐이다. 우리나라에서 좌파를 양산해내는 데 혁혁한 공을 세우는 이들은 이렇게 따로 있다. 그나마 그들이 공부를 안 해서 건강 보존하고 있지, 혹시나 서구 복지국가의 좌파 이론을 본다면(실수로 내용을 이해한다면) 악마의 종자들이 살고 있다며 거품 물고 뒤로 나자빠질 것이다. 어쨌든.

우리 동네에 나랑 자주 어울리는 선배가 있다. 대학원에서 사진을 전공했는데 지금은 슈퍼 한다. 가업인 가게를 물려받아 오랫동안 책임지고 있는 것이다. 섬에는 놀 거리가 별로 없다. 그래서 우리 둘은 종종 당구를 치러 간다.

언젠가 그가 당구 치는 모습을 보고는 사람들이 모여들었다. 구경만 하면 그러려니 하겠는데 이 양반이 하도 오랜만에 치는 당구라 조금 서툴러 보였던 모양인지 "이쪽으로 돌려" "그건 쫑 나게 돼 있어. 오시(밀어치기)를 쳐" 조언이 과했다. 조언이 과하면 잔소리다. 듣다 못한 그가 이렇게 소리쳤다.

"아, 그냥 냅둬. 당구만이라도 내 마음대로 치게."

이 모습 확대하면 지금 대한민국이다. '왼쪽으로 걸어라, 아니다, 오른쪽으로 걸어라.' 그때 우리는 이렇게 외쳐야 했다. "냅둬, 걸음만이라도 내 마음대로 걷게." 사람은 걸으면서 다른 사람과 스치는 게 정상이다. 서로 같은 방향으로 몸을 돌리는 어색한 순간이 생겨 웃기도 하고, '이 남자는 배가 너무 나왔군' '이 여자는 푸른색 옷을 좋아하는군' 뭐 이러고 좀 살아야 하는 것 아닌가. 짧은 순간만이라도 사람이 사람의 냄새를 맡고 눈동자를 바라보고 어떤 느낌을 받는 것, 이거 중요하다. 타인에 대한 감을 유지할 수 있으니까. 혹시 개헌하게 되면 '거주 이전의 자유가 있고' 뒤에 '보행 방향 설정의 자유도 있고'를 넣길 청원하는 바이다.

내가 여수로 전학한 게 10살 때이다. 커다란 도시의 큰 학교로 가니 이래라저래라 하는 거 많았다. 먼저 선도부라는 게 있었다. 그들은 교사와 함께 교문을 지키며 끊임없이 무언가를 지적했다. 그때마다 금지, 엄금, 엄격 따위의 단어가 자꾸 따라붙었다.

초등학교 때는 도시락에 쌀밥이 금지였고(혼분식 장려였는데 당시 대통령과 정부 인사들도 보리밥과 빵을 먹었을 거라고는 생각하지 않는다. 뉴스 화면 찍을 때 딱 한 번 먹었을 것이다) 중학교 때에는 복장 규정이 너무 과해 양말도 무조건 흰 것을 신어야 했다. 운동화는 검정. '난닝구'도 색깔 있는 거 입으면 얻어맞았다. 이렇게 일본군처럼 만들어놔야 직성이 풀렸다. 아, 쪽팔리다. 이게 일제 잔재지 뭔가. 일제 잔재 중 살아 있는 가장 큰 덩어리는 친일파 후손이다. 그들의 재력과 영향력이다. 씨팔, 이건 따로 말하지 않겠다.

 금기와 의무가 많을수록 살기 힘든 곳이다. 오른쪽으로 걸어라, 그 지시를 우리가 들어야 한다면 지시하는 사람들도 우리의 요구, 즉 뒷구멍으로 돈 빼돌리지 마라, 남의 집 딸내미 몸을 만지지 마라, 책상에 멍하게 앉아서 네가 할 일을 다른 부서로 떠넘기지 마라, 재벌들 뒤는 그만 봐주고 가난한 자들 삶을 생각하라, 책임질 일은 제발 책임을 꼭 져라, 도 따라주어야 한다. 그런데 안 한다. 제기랄, 그러면서 우리한텐 오른쪽으로 걸으라고? 나도 못 하겠다.

 아, 그리고 곧 내릴 사람을 찾아내는 법. 먼저 지하철이나 버스를 기다릴 때 눈을 감고 호흡을 깊게 한다. 상상으로 5층에서 승강기를 탄다. 4층, 3층, 차례대로 내려간다. 1층에서 내린다. 버스에 앉아 있는 자신의 모습을 그린 다음 눈을 뜬다. 그때부터 아무 생각 안 한다. 버스가 도착하면 올라가서 자연스럽게 걸음이 멈춰지는 사람 옆에 선다. 그 사람은 곧 내린다. 그 사람의 생각을 내 무의식이 읽어냈기 때문이다.

 만약 실패했다면 다음 중 하나다. 당신의 의식이 내부 의식으로 내려가지 않았거나 눈치를 챈 그 사람이 골탕 먹이려고 '나는 이번에 내린다'는 뇌파를 쐈거나 아니면 잊고 있던 약속이 떠올라 더 가기로 생각을 바꾼 것이다.

어느 누구도 어느 누구보다 높지 않다

━━━━◇━━━━

 2015년 8월 14일. 우리의 대통령께서 이날을 임시 공휴일로 지정하면서 고속도로 통행료를 면제하라고 지시했다. 그렇게 됐다. 공짜라니 공연히 돌아다닌 사람도 제법 있었을 것이다. 또 있다. 추석을 맞아 56만 명의 부사관과 사병들에게 1박 2일의 특별 휴가증을 주고 멸치와 김 가루, 약과 등으로 구성된 특별 간식을 하사했다. 아니, 되는대로 내뱉다 보니 불충스럽게 말을 하고 말았다. 바꾸겠다. '하사하시었다.'

 건군 이래 처음이란다. 그나마 아랫것들 간식 사는 데 쓴 돈이 청와대 예산이 아니라 '군 소음 피해 보상금'이었단다. 참 생색도 효과적으로 내신다. 네 돈으로 먹을 걸 사서 너에게 하사하신 것이니.

 '하사'는 임금이 신하에게 뭔가를 준다는 소리이다. 그동안 봐온 역사극에 의하면 이런 경우 신하들은 머리를 땅에 박은 채 '성은이 망극하옵니다'라고 과장되게 외쳐왔다. 그런 왕조시대의 용어가 현실에서 나온 것이다. 대통령을 뽑았는데 그가 왕으로 변해버린 것을 나만 모르고 있었나.

사실 단어 하나 가지고 시비 걸고 싶지는 않다. '하사'에는 윗사람이 아랫사람에게 준다는 뜻도 있으니 그냥 넘어갈 수 있다. 윗사람을 나이 든 사람으로, 아랫사람을 젊은이로 볼 수도 있으니까. 하지만 두 가지 문제 때문에 영 찝찝하고 불편하다.

먼저, 대통령을 높은 사람 또는 윗사람으로 보는 것을 당연시하는 버릇이다. 지금은 계급사회도 아니고 봉건시대는 더더욱 아닌데 말이다. 백성이 주인이라고 밝힌 민주공화국 타이틀을 달고 있는 나라에서 대통령이 왕일 리 없다. 그래서 하는 말인데 대통령이 추석을 맞아 군인들에게 1박 2일 휴가증과 특별 간식을 선물했다. 이렇게 인간적인 화법으로 하면 안 되는 건가? 그게 그렇게 하기 어려운가?

묻고 싶다. 대통령이란 직책이 '높은 계급'일까? 대통령은 행정부의 수반이자 국군 최고 통수권자이며 국회의 동의를 받아 국무총리와 대법원장을 임명하고 국가의 중요한 일을 결정하며 외국과 조약을 체결하고…… 이게 우리가 알고 있는 그 직책의 역할이다. 이렇게 한 나라를 대표하니까 아주 중요한 존재인 것은 백 번 맞다.

이런 일 하라고 국민이 투표를 통해 뽑은 다음 권한의 행사를 인정하고 존중하고 이중, 삼중 경호를 해준다. 국가를 운영하는데 국민들 모두 나설 수 없으므로 한 명을 대표로 뽑는 시스템이니까(우리나라 사람들은 정치·사회 쪽으로 화가 솟구치는 순간 다들 대통령이 돼버리는 경향이 있기는 하지만). 그래서 그 권한을 옳고 맞게 행사하면 존경과 감사를 보내는 것이고 그렇게 하지 않으면 비판을 하고 나아가 그만두게도 할 수 있는 것이다.

실제 대통령 선서도 '나는 헌법을 준수하고 국가를 보위하며 조국의 평화적 통일과 국민의 자유와 복리의 증진 및 민족문화의 창달에 노력하여 대통령으로서의 직책을 성실히 수행할 것을 국민 앞에 엄숙히 선서합니다'로 헌법 제69조에 규정돼 있다.

이렇게 굉장히 노력하고 애써야 하는 특별한 존재이기는 한데, 그렇다고 높은 사람인가? 모든 권력은 국민으로부터 나온다, 는 말이 진정 맞는다면 국민이 높은 존재 아니겠는가(이 말은 여기저기서 필요할 때마다 자주 나오는데 어째, 공허하기만 하다. 진짜로 그렇게 생각하고 여기는 마음이 없어서 그럴 것이다). 높은 사람이 생기면 발생하는 가장 큰 폐해가 낮은 사람이 생겨버린다는 것이다.

'하사'하는 순간, 우리의 생명과 재산을 지키는 국군 장병이 아랫사람인 게 확인되어버렸다. 그렇다면 아들을 군에 보낸 엄마 아빠도, 애인을 보낸 처녀도, 예비군과 민방위까지 거쳐온 나도 낮은 사람인 것이다. 하인, 천민, 무지렁이 백성들…… 뭐 그런 단어들이 뒤따라 떠오른다. 제기랄, 가만히 있었는데 하사품 하나에 '레벨'이 쑥 내려가버린 것이다.

꼭 높은 사람이 필요한가. 우리는 늘 지시나 시혜를 받고 살아야 하는가. 사람들은 명령을 하기보다 듣기를 더 원한다는 이론이 있다는 것부터가 이를 증명하는 것인가. 이렇게 생각하다 보니 이문구 선생께서 살아생전 자주 쓰셨던 '쉰내 근성'을 확인한 것 같아 입맛이 쓰다.

또 하나가 일반인을 하대하는 고위직들의 기본 인식이다. 특히 대통령이 평소 우리 국민을 어떻게 생각하고 있는지 고스란히 드러난 데다. 거슬러 올라가 공포심과 하사품 두 가지를 가지고 통치했던 아빠 시절이 그대로 재현된 것만 같다. 그 아빠가 웃는 모습을 본 기억이 나에게는 없다. 아주 없기야 하겠는가만 오랜 대통령 재임 기간 동안 엄격의 이미지만 만들며 살았으니까. 그 때문에 국가는 그의 것이며 우리는 단순한 신민이라고 학습당하고 체감해왔다. 그걸 거부하다가 얼마나 많은 사람이 감옥에 갇히고 고문당하고 죽었는가.

누구라도 죽으면 대한민국과 아무 상관이 없게 된다. 그런데 살아 있는 동안 이 나라 국민이라는 이유로 신분이 낮다면 속상할 일이다. 내가 존경하는 선생님이 몇 분 계시는데 그분들이 나보다 높다고는 생각 안 한다. 나는 그분들의 품격과 지혜를 존중해서 고개를 숙이는 것이다.

우리 머리 위에는 푸른 하늘만 있다

 난 대통령이 안 높으면 좋겠다. 단지 정직하고 공정하고 양심적인, 그런 존경스러운 사람이면 정말 좋겠다. 이를테면 1968년에 발표한 신동엽의 〈산문시 1〉에 나오는 대통령처럼 말이다.

> 스칸디나비아라든가 뭐라구 하는 고장에서는 아름다운 석양 대통령이라고 하는 직업을 가진 아저씨가 꽃 리본 단 딸아이의 손 이끌고 백화점 거리 칫솔 사러 나오신단다. (…) 그 중립국에선 (…) 대통령 이름은 잘 몰라도 새 이름 꽃 이름 지휘자 이름 극작가 이름은 훤하더란다. 애당초 어느 쪽 패거리에도 총 쏘는 야만엔 가담치 않기로 작정한 그 지성. 그래서 어린이들은 사람 죽이는 시늉을 아니하고도 아름다운 놀이 꽃동산처럼 풍요로운 나라. (…) 하늘로 가는 길가엔 황톳빛 노을 물든 석양 대통령이라고 하는 직함을 가진 신사가 자전거 꽁무니에 막걸릿병을 싣고 30리 시골길 시인의 집을 놀러 가더란다.

 이렇게까지 근사하지는 않더라도 쉬는 날이면 자전거도 타고 마트에서 장을 보는 사람이면 좋겠다. 보여주는 게 아닌, 진짜 생

활로. 앞서 무히카 우루과이 전 대통령을 만나러 태평양을 건널 예정이라고 한 이유도 마찬가지다. 그는 "공화국은 어느 누구도 다른 사람보다 우월하지 않다는 원리로 움직이는 체계이다. 나는 대통령도 국민들 다수가 살아가는 방식 그대로 사는 게 이상적이라고 생각한다"고 했으니까.

이런 이야기 어떤가.

20대 후반 나는 대전에서 공사 현장 일을 다니고 있었다. 신시가지 쪽 빌라 공사장에 있을 때였는데 그 시절 어떤 신문사 하나가 창간 준비호를 냈다. 그게 우연히 내 손에 얻어걸렸고 거기에는 지금 〈녹색평론〉 발행인을 맡고 계신 김종철 선생의 칼럼이 있었다. 그 글에는 대략 다음과 같은 내용이 들어 있었다.

남대서양에는 트리스탄다쿠냐Tristan da Cunha라는 절해고도가 있다. 영국령이기는 한데 오랫동안 무인도였다. 국제 정세가 복잡해지자 영국에서 이곳으로 군인들을 보냈다. 하지만 화산섬의 거친 환경과 주변의 높은 파도로 생활이 용이치 않았다. 결국 철수하기로 했다. 그때 한 군인 가족이 남기를 희망했고 전역을 한 다음 그렇게 했다.

시간이 흐르자 풍랑을 피하기 위해서, 또 다른 이유로 사람들이 하나둘 모여들었다. 근처 원주민이 와서 살기도 하고 가족을 데려오기도 해서 10년쯤 지나다 보니 마침내 마을이 만들어졌다. 사회가 만들어지면 법이 필요하다. 그들은 고민하다가 꼭 필요한 단 한 줄의 법을 만들었고 거기에 모든 것을 맞추어 살았다. 기억

나는 대로 적어보면 '그 누구도 특권을 누려서는 안 되고 모든 사람은 모든 면에서 평등하다고 간주된다'이다.

어느 날 화산이 폭발했다. 주민들은 영국으로 이주해서 살았다. 각자 일을 하다가 주말이면 다들 만났다. 그리고 바다를 배경으로 앉아 서로 이야기하면서 시간을 보냈다. 그게 휴식이었다. 2년 뒤 화산활동이 끝났다는 소식이 전해지자 회의를 했다. 세 명의 여자만 제외하고 모두 돌아가기를 희망했다. 그들이 겪은 영국은 너무 바쁘고 시끄럽고 이기적이고 야만적이었던 것이다. 세 명의 여자는 그사이 결혼을 했거나 연애 중이었다. 그렇게 그들은 씨앗과 농기구를 장만하여 화산재가 뒤덮어버린 자신들의 섬으로 돌아갔다는 내용.

이 이야기가 너무 매력 있어서 나는 오랫동안 그 신문지 오린 것을 지니고 다니며 수시로 읽곤 했다. 그러나 잦은 이동 탓에 어느 순간 잃어버렸다. 신문지 쪼가리는 사라져버렸지만 그 속의 이야기는 오랫동안 내 마음을 붙잡고 있었고 이 이야기를 담아 《행복이라는 말이 없는 나라》라는 연작소설을 썼다(이 자식, 은근슬쩍 광고하는구나). 오해를 무릅쓰고 한마디 더 해보면, 나는 그 한 줄의 법을 이렇게 바꾸었다. '어느 누구도 어느 누구보다 높지 않다.'

고위직이라고 해서 그 사람이 나보다 높은 이유가 어디에 있을까(만약 그들이 똥을 싸지 않는다면 높은 사람으로 인정할 용의는 있다). 단지 생활에 필요한 양질의 규칙과 정책을 만들어 제시하면 우리는 그것을 신뢰하고 따르면 된다. 신뢰가 깨지는 것은 그들이 잘못되거나 엉뚱한 것을 제시한 다음 따르라고 윽박지르기 때문이다. 질서는 윽박에서 오는 게 아니다. 윽박의 질서는 군대의 형식이다. 그나마 군대도 숱한 사고와 희생을 겪고 나서야 그게 잘못되었다는 걸 깨닫는 중이다.

높은 사람을 뽑으려고 선거하는 게 아니다. 우리는 명령에 따라야 하고 하사품에 감격해야 하는 존재가 아니라는 소리이다. 존 레넌은 이미 노래했다. "우리 머리 위에는 푸른 하늘만 있다." 그렇기에 어느 누구도 어느 누구보다 높지 않다.

견딜 수 없이 짙고 푸른

사람들은 곧잘 "당신에게 있어 바다란 무엇인가요?"라고 내게 묻곤 한다. 일전에 낸 책에도 나오는 내용이지만 다시 되풀이하는 이유는 최근에 어떤 사람이 이따위 질문을 또 해왔기 때문이다. 섬과 바다가 배경인 소설을 계속 써왔기에 이 질문을 하는 모양인데 이럴 때마다 짜증이 난다. 나는 되물어버린다. "귀하의 인생에서 여행은 어떤 의미인가요?" 기자가 물어오면 이렇게 대꾸한다. "기자라는 직업이 귀하에게 어떤 의미인가요?" 방송국이면 "방송은 당신에게 어떤 의미인가요?" 해버린다.

눈치를 챈 사람은 그저 웃고 말지만 그렇지 않으면 나름 대답을 하긴 한다. 하지만 뭐 색다른 건 나오지 않는다. 매력 있는 대답을 하지 못하는 건 나도 마찬가지다. 바다는 그저 나를 둘러싸고 있는 환경일 뿐이니까. 질문은 디테일을 건드려야 좋다. "언제 바다가 가장 아름답나요?" 이렇게 물어오면 대답하기가 수월하다.

"가을이죠. 특히 10월, 11월 바다가 아주 파랗고 맑습니다."

어제가 딱 그랬다. 오토바이를 타고 마을로 가다가 중간에 서 버렸다. 푸른 하늘과 흰 구름, 그리고 바다가 어찌나 파랗던지, 어찌나 맑던지. 맨날 보는 것인데도 혹해서 망연히 바라보기만 했다. (이 소리 또한 자주 했던 것인데) 한 바가지 떠다 끓이면 푸른 사파이어 결정체라도 만들어질 것만 같은 느낌. 나는 사파이어를 제대로 본 적도 없지만 그 정도로 푸른 기운이 도드라졌다.

좀 우스운 건, 그때 나는 함께 낚시 가기로 한 동료들을 만나러 가는 중이었다는 것이다. 그것도 배를 타고. 그러니까 바다로 나갈 예정이었던 것. 그렇다면 새삼스레 반할 이유도 없지 않으냐, 반문할 수 있지만 어떤 대상이 풍경일 때와 현실일 때의 이미지는 완전히 다르다. 지나가는 사람이 푸른 논을 보았을 때와 그걸 경작하는 농부가 보았을 때가 다른 것처럼. 등산객이 산 입구에서 봉우리를 올려다보는 것과 그 속으로 들어가버린 것의 차이 같다고 할까.

나는 계속 바다를 바라보았고 그럴수록 눈과 가슴이 시원해졌다. 그 순간만큼은 아무것도 안 떠오르는, 그냥 무심의 상태가 된다. 그저 좋다. 정작 낚시 가서는 이 풍경이 눈에 잘 안 들어온다.

집안에 낚시꾼을 두고 있는 사람들에게 귀띔 하나 해드리겠다. 낚시꾼들은 바다를 좋아해서 맨날 출조出釣한다고 하지만, 그리고 바다를 바라보면서 마음을 가라앉힌다고 하지만 믿지 마시라. 실제 바다는 오랫동안 바라볼 수 있는 대상이 아니다. 저 푸르고 거대한 한일자一를 오랫동안 바라본다는 것 자체가 힘들다(이 부분이 산㎜과 다르다). 한번 해보시라. 얼마나 오랫동안 보고 있을 수 있는지. 하루 종일 갯바위에 서 있는 낚시꾼들이 바라보는 것은 바다가 아니라 초릿대(낚싯대 맨 끝부분)거나 노란 찌다. 그들에게서 채비를 빼앗아버리면 지겨워서 30분도 못 견딘다.

이렇게 찾아온 가을 바다는 너무 반갑고 고맙다. 여름과 겨울이 길어지면서 이런 장면이 곧 없어질 것을 알기 때문에 더욱 그렇다. 섬에서의 최악은 풍랑이 치는 것이고 그보다 더한 경우는 비가 오는 것이다. 바람 불고 파도만 높으면 밭에도 가고 뒷산도 오르지만 비가 와버리면 아무것도 할 수가 없다. 방구석에 온종일 박혀 있어야 한다.

동료 작가들이 놀러 올 때가 있는데 그때 비가 오면 그들은 좋아한다. 작가들이라는 게 감수성이 남다른 존재이기도 하지만 비 내리는 바다의 섬 풍경이 낯설고 이채롭기 때문이다. 그러나 나는 죽을 맛이다. 만약 비가 심하지 않고 바람도 그럭저럭이면 낚싯대 들고 먹을 것을 낚으러 가야 한다. 자기들은 입만 가지고 있기 때문에 상관없지만 나는 가랑비에 젖어가며 낚아 올리고 회를 썰어야 하는 게 고역이다. 짙은 습기로 인해 방이고 거실은 얼마나 구질구질해지는지.

비 이야기가 나온 김에 최근에 들은 것 하나.

여러 해 전 우리 동네 어떤 사람이 혼자 배를 몰고 바다로 낚시를 갔다. 한창 낚시를 하고 있는데 비가 떨어지기 시작했다. 육지와 달리 바다는 비가 오면 온 세상이 어둑어둑해지고 평화롭지 못한 분위기로 변하는 게 한눈에 다 들어온다. 불안정하게 변해 버린 천지가 통째로 나에게 엄습한 것만 같다. 숨을 곳이 없기 때문이다.

돌아갈까 말까 망설이고 있는데 갑자기 가녀린 여자아이 목소리가 들렸다. 덜컹, 심장이 멎는 것만 같았다. 아무리 주변을 둘러봐도 갯바위와 소나무 숲, 비 오는 바다뿐인데 여자아이는 무언가를 달라고 애처롭게 호소하고 있었다. 소름이 돋아 오르고 손 끝이 떨렸다. '드디어 나에게도 귀신이 찾아왔구나, 그것도 불쌍하게 죽은 어린 귀신이' 싶었던 것이다. 돌아가긴 해야겠는데 몸을 움직여 닻 올릴 엄두가 나지 않았다. 그러는 동안 아이는 같은 말을 계속 걸어왔다. 되풀이되다 보니 비로소 그 말이 귀에 들어왔다. "밥 주세요." 그러니까 며칠 전 최신형 휴대폰으로 바꾸었는데 배터리가 떨어져간다는 신호였던 것이다. 흐흐. 사람 겁먹는 방법도 여러 가지다.

좋기만 한 것은 세상에 없다

다시 맑은 가을 날씨로. 역시 여러 해 전, 이처럼 햇살 화사하고 바다가 과하게 푸른 날이 있었다. 나는 견디지 못하고 산책을 나갔다. 내 거처가 속해 있는 행정구역은 덕촌리다. 예전 이름으로는 쇠끼미다. 쇠는 억새를 뜻한다. 그러니까 억새가 많은 마을이라는 소리다. 그중 가장 아름다운 곳이 해수욕장 뒤편, 약간 경사진 억새밭이었다. 거기를 지날 때 느닷없이 까르르 여자들 웃음소리가 들렸다. 서너 명은 된 듯했는데 비 오는 바다에서 여자아이가 어디에 있는지 찾지 못한 사람처럼 어디서 소리가 나는지 종잡을 수가 없었다.

그래서 억새밭을 천천히 돌아다녔고 마침내 찾았다. 네 명의 중년 여성들이 억새밭 안에 들어간 것도 부족해 숫제 드러누워 있었던 것이다. 하긴, 누우면 파란 하늘과 햇살을 만나고 있는 억새가 더 잘 보이기는 한다. 여행객 차림의 그들은 제멋대로 누워 뭔가를 종알거리며 웃고 있었던 것이다. 그 장면이 너무 평화로워 보여서 섬의 가을 풍경을 게이트로 해서 소녀 시절로 돌아가버린 것만 같았다. 그렇게 모든 걸 잊고 푸른 바다와 가을 햇살을 배경으로 마음껏 까르륵거릴 수 있는 기회가 평생 몇 번이나 있을까. 도시의 공원이나 약수터라면 이런 분위기가 났을까.

나는 훼방꾼이 되기 싫어서 조심스럽게 걸어 나왔는데 먼 곳까지 그녀들의 웃음소리가 들렸다. 그러나 이제는 그런 풍경을 볼 수 없다. 딱 그 자리에 모 종교 단체에서 거대한 콘크리트 호텔을 지어버렸기 때문에.

이렇게 좋은 날이면 먼 곳의 섬들이 가까워 보인다. 백도만 하

더라도 28킬로미터 떨어져 있는데 손에 잡힐 듯하여 헤엄을 쳐서 갈 수도 있어 보인다. 제주도도 잘 보인다. 우뚝 솟은 한라산과 아슬아슬하게 떨어져 있는 우도도 확연하다. 육지와 연결되어 있는 나로도와 고흥반도도 보인다. 이웃들이 잘 보인다는 건 좋은 일이다. 이곳 거문도는 워낙 멀리 떨어져 있어 어디 한번 가는 게 일인데, 그런 곳들과 가깝게 만들어주는 게 이런 가을 날씨다.

이렇게 날씨가 좋으면 행복해진다. 우리의 행성이 참 아름다운 곳이라는 것을 실감할 수 있으니까.

오늘도 날이 좋아서 쓰고 있는 원고를 모두 밀어두고, 낚시도 가지 않고 섬 이곳저곳을 싸돌아다녔다. 등대를 다녀오고 갯바위를 걸었다. 배가 지나가면 푸른색과 흰 파도가 뚜렷하게 갈리면서 각각이 분명했다. 물이 워낙 푸르니 파도가 더욱 희다. 두보杜甫의 강벽조유백江碧鳥逾白, 강이 푸르니 새가 더욱 희고을 그대로 따오면 해벽파유백海碧波逾白, 바다가 푸르니 파도가 더욱 희고이 되겠다. 그리고 뒷산도 타 올랐다. 혼자 산다이를 하고 논 것이다. 춤만 안 췄지 노래도 불렀으니까.

하지만 좋기만 한 것은 세상에 없다는 거 아닌가.

뒷산 능선 길은 마을이 있는 이쪽과 깎아지른 절벽이 있는 저쪽이 만나는 곳으로 동서남북 바다가 모두 훤히 보인다. 그곳을 걷다가 내려오는데 발 옆에서 무슨 소리가 났다. 어린 새 한 마리가 바닥에서 바들거리고 있었다. 날개깃은 다 나와 있지만 날지는 못하는 그런 상태였다.

하는 모양이 아마도 둥지에서 떨어진 것 같은데 나무가 울울창

창해서 둥지는 보이지 않았다. 어쩔 수 없이 모자에 넣어 데리고 왔다. 이곳은 솔개가 여러 마리 있어 어미가 그 애들에게 죽은 듯도 하고 날갯짓 연습하는 도중이라고 해도 살모사가 돌아다니는 곳이라 그럴 수밖에 없었다.

자, 이제 어떡하지? 바야흐로 고민은 시작되었다. 먼저 사진 찍어 이런 거 잘 알고 있는 박남준 시인에게 보냈더니 박새로 보인다는 답이 왔다. 검색해보니 과연 박새 새끼였다. 녀석을 화장지 깐 종이 상자에 담아놓고 나서 벌레를 잡으러 나갔고, 잡아 온 것을 젓가락으로 집어 억지로 먹여보려는데 안 먹는 모습을 보며 주사기로 물이라도 먹여볼까, 아니 어미가 물을 직접 먹이지는 않았겠지, 예전에 동박새 키우는 사람이 했던 대로 쌀이라도 씹어서 먹여볼까, 가을 햇살이고 뭐고 나는 혼자 끙끙댔다.

그사이 어린 새는 간간이 울어댔다. 이거, 졸지에 병든 시엄씨 하나 생긴 꼴 되고 만 것이다. 결국 마을로 나가 경험 있는 사람한테 물어서 작은 풀여치 같은 것을 잡아 쪼개서 먹여보라는 답을 들은 다음 먹이 집어줄 핀셋 하나 얻어 돌아왔더니 그새 죽어 있었다.

그래서 호미 들고 다시 뒷산으로 올라가야 했다. 하루에 뒷산을 두 번 오른 것은 처음이었다. 양지바른 곳에 그 애를 묻어준 다음, 죽는다는 것에 대해 잠시 생각해보고, 그리고 내려와 음복이라도 하자는 심정으로 소주를 마셨다. 하긴 산다이에는 꼭 술이 필요한 법이기는 하지만 이 좋은 가을날 끝이 새의 장례식이 되고 말았다.

공부는 이쯤에서 마치는 거로 한다

간혹 문학 또는 인문학 관련하여 시민 단체나 기관의 교육 프로그램 같은 곳에 강연을 간다. 예전에는 국문학과와 문예창작학과에도 종종 다녔는데 몇 년 전부터 대학교에는 잘 가지 않는다. 모 대학에서 소설 창작 강사 노릇을 두 해 정도 한 경험이 있는데 그때에 비해 학생들과의 세대 차이가 너무 커져버렸다는 생각이다. 환경과 유행의 변화가 원인이겠지만 어쨌든 내 식의 창작 방법론이 얼마나 먹힐지, 과연 필요한지 회의가 들었기 때문이다.

대학교도 그러니 고등학교에서 요청이 들어오면 거의 가지 않았다. '거의'라고 말한 것은 두어 번 가긴 했다는 소리다. 한번은 잘 알고 지내는 선배가 자신이 근무하는 고등학교에 와달라고 해서 갔다. 인정상 거절할 수가 없었는데 그때 내건 조건이 하나 있었다. 원하는 학생들만 따로 모아서 강연할 수 있게 해달라는 것. 그는 그렇게 하겠다고 약속을 했다.

이유가 있다. 오래전 한국작가회의에서 사무국장 노릇을 할 때

널리 이름이 알려진 작가를 학생들과 만나게 해주는 프로그램을 진행한 적이 있었다. 전국에서 신청이 너무 많이 온 탓에 학교 고르느라 애 좀 먹었다. 심사라는 게 여러 가지를 따지는 것이지만, 이제 와서 밝혀보자면, 작가를 초청하고 싶은 마음이 얼마나 지극한지가 중요 요인으로 작용했다. 사람이라는 게 지극한 마음에 끌리기 마련 아닌가.

그래서 고은, 신경림, 윤흥길, 황석영, 송기원 이런 굴지의 양반들께서 줄지에 중·고등학교에 한 번씩 가셔야 했다. 고은 선생은 따로 만나 택시로 모시고 갔고 자꾸 뒤로 빼는 황석영 선생은 집으로 찾아가 나포하는 수준으로 모시고 갔다. 신경림, 윤흥길 선생 두 분은 그나마 중학교엘 가셔야 했다. 시간이 지난 다음 윤흥길 선생께서 이렇게 말씀하셨다.

"대강당에 애들을 잔뜩 모아놨는데 그 애들 입장에서는 내가 간 게 재밌겠어? 교사들이 막대기를 뒤로 숨기고 다니면서 떠드는 애들 옆구리를 찌르는 게 훤히 보이는데 하이고, 괴롭대."

나는 죄송하다고 연거푸 사과드려야 했다. 대강당에 줄지어 세워놓은 게 아이들 입장에서는 얼마나 힘든 것인지, 내가 학교 다닐 때 운동장 조회의 고통을 기억하듯이, 새삼 말해서 무엇하겠는가. 자, 나도 갔다. 내 입에서도 하이고, 소리가 저절로 나왔다. 대강당에 전교생을 모두 세워놓은 것이다. 약속과 다르다고 따지자 선배는 실실 웃었다. "학교 축제 기간이라 모든 학생을 대상으로 해야 한대. 그냥 좀 참고 해줘."

어쩔 수 없이 연단에 올라섰는데 역시나 아이들은 상당히 떨떠름하고 적잖이 귀찮다는 표정을 짓고 있었다. '아 씨발, 저건 또 뭐야?' 이런 분위기 말이다. 벌써부터 교사들이 돌아다니면서 아이들을 윽박지르는 모습이 들어왔다. 나는 먼저, 연예인이 아니라서 미안하다고 말했는데 그 애들은 웃지도 않았다. 그리고 교사가 지나가면 남학생, 여학생 모두 곧바로 몸을 비틀고 다리를 떨며 떠들기 시작했다. 맨 앞줄 몇몇만 빼고. 이럴 땐 문학이고 지랄이고 방법 하나밖에 없다.

어떤 사람이 되라고는 말 못 한다 각자의 인생이 있으니까

내 이야기를 하는 거 말고 뭐가 있겠는가. 나는 고등학교를 광주에서 다녔다. 2학년 때 5·18을 겪었으며 사람들이 총 맞고 죽어나가는 모습을 보고 나서 술과 담배를 시작했다. 그리고 어느 날 혼자 이렇게 선언했다. '공부는 이쯤에서 마치는 거로 한다.'

그 전까지 공부를 못하지 않았으니, 커다란 비극을 겪고 나서 인간의 잔인함에 대한 충격 때문에 내린 결심으로 보이겠지만 솔직히 말하면 그게 전부는 아니었다. 어느 정도 여파는 있었지만 세상만사 다 귀찮고 의미 없게 느껴졌을 뿐이다. 될 대로 되라지,

그런 마음 말이다.

본격적으로 피우고 마시며 뒷골목을 싸돌아다녔다. 그렇게 다니다 보면 싸움도 곧잘 일어나기 마련이라 때리기도 하고 맞기도 했다. 열댓 명에게 둘러싸여 린치를 당한 적도 있었다. 그때 야구방망이로 뒤통수를 가격당했는데 순간 다섯 개의 꼭짓점이 있는 별이 보였다. 아주 크고 노란.

밤하늘의 별은 그저 반짝이는 작은 점이다. 그런데 그림으로 그릴 때는 다섯 개의 꼭짓점이 있는 별이다. 그건 어디에서 왔을까. 뒤통수를 사정없이 얻어맞은 사람이 그리기 시작했다고 나는 생각한다.

애들은 내가 얻어터지는 장면을 재미있어했다. 덕분에 그럭저럭 시간을 때울 수 있었고 윤흥길 선생처럼 앞으로는 절대 안 온다고 마음먹었다. 그래놓고 얼마 뒤 중학교에 갔다. 거문도에서 가까운 초도중학교. 이번에도 안면 있는 교사분이 한번 와달라고 해서 여객선을 타고 갔다.

그곳 중학생은 모두 열 명이었다. 글쓰기 수업을 2시간 하고 나자 점심시간이었다. 애들이 뛰어간 곳은 취사실 겸 식당이었다. 그들은 그곳에서 직접 밥을 해 먹었다. 수업 도중에 한 아이가 잠깐 나갔다 왔는데 밥 안치러 간 거였다. 그날 밥 짓는 당번이었던 것.

반찬은 각자 도시락에다가 싸 왔다. 그걸 두 번으로 나눠서 점심때 다섯 명 것을 먹고 저녁은 그다음 다섯 명 것으로 먹는단다.

방과 후 저녁 시간은 자유였다. 공부를 원하는 학생은 담당 교사가 맡고 운동하고 싶은 아이는 운동을, 그림 그리고 싶은 아이는 그림을 그린다고 했다. 초도에는 마을이 세 군데 있다. 결손가정도 있고, 그렇지 않다고 하더라도 엄마 아빠가 뱃일, 밭일로 바빠서 아예 저녁까지 먹고 가는 방법이 나왔다는 설명. 학교가 자연스럽게 생활공간이 되어버린 것이다. 중요한 것은 아이들이 그것을 괴롭게 생각 안 한다는 것. 학교의 역할 중에 뜻밖에 좋은 것을 봤다고 할까.

정작 괴로운 것은 교사들이었다. 여객선을 기다리는 동안 초청한 분이 나를 슈퍼마켓으로 데려갔다. 그 마을에서 유일한 가게였다. 가게 안쪽에 시멘트 벽으로 된 두어 평짜리 공간이 있고 탁자 두 개에 열 개 정도의 플라스틱 의자가 있었다. 맥주병을 따면서 그가 말했다.

"여기가 우리 교사들 회식하는 곳이야. 회식비가 생겨 다른 곳 가고 싶어도 식당 하나 없으니 원. 안주도 매번 같아. 복숭아와 포도 통조림."

그 두 번이 전부였다.

요즘은 반대다. 성인들 상대로 하는 강연은 일정이 맞지 않으면 못 가기도 하는데 고등학교에서 초청이 오면 꼭 간다. 2014년 4월 세월호 참사가 일어난 뒤부터 그렇다. 비참하고 억울하게 죽어간 아이들 생각이 떠나지 않았고 노란 리본을 달고 집회에 나가는 것 말고 내가 따로 할 수 있는 게 뭐가 있을까를 고민했다. 길거리에서 스치는 고등학교 학생들을 볼 때마다, 나는 그 나이에 5·18을 만났는데 이 아이들은 세월호를 만나버렸구나, 어쩌면 이렇게 안 바뀔까, 이 애들은 조국에 대해 나중에 어떤 기억을 하게 될까, 하다가 내린 결론이었다.

학생들을 만나자. 우선 사과부터 하자. 너희 친구들을 터무니없는 죽음으로부터, 너희들을 충격과 공포로부터 지켜주지 못한 못난 어른이어서 미안하다고 말이다. 그리고 바다에 대한 오해를 풀어주고 싶었다. 미워해야 할 대상은 바다가 아니라 그런 사고를 내고 먼저 도망가버린, 말도 안 되는 짓거리를 뒷수습이라고 한, 아직도 무언가를 숨기고 있는, 피해자들을 이간질하는 것도 모자라 악랄하게 공격하고 있는, 같은 시대 같은 공간 속의 어떤 사람들이니까.

강연은 보통 2시간 한다. 1시간은 바다에 대한 사진을 보여준다. 내가 여행했던 인도양과 지중해, 대서양, 북극해의 풍경과 수많은 어패류들, 그리고 섬마을 사람살이 모습들을. 바다란 처음부터 그 자리에서 그 모습으로 출렁이고 있는 존재니까 두려운 곳이 아니라 우리가 기댈 수밖에 없는 장소이자 보듬어야 할 대상이라는 것을. 둘째 시간에는 글쓰기 방법에 대해 설명하고 책 내용에 관한 질문에 대답한다. 그리고 마지막엔 이 부탁을 한다.

"어떤 사람이 되라고는 말 못 한다. 각자의 인생이 있으니까. 단지, 타인에게 평생 지워지지 않는 상처를 주는 그런 사람만큼은 절대 되지 말아달라……."

 아이들은 밝고 맑았다. 하지만 너무 과하게 미래를 걱정하고 있는 모습을 매번 확인하게 된다. 그 나이에 벌써부터 먹고사는 문제에 끙끙대고 있는 것이다. 불안이 학습되어 지레 겁에 질려 있다고 할까. 10대 후반이란 책을 읽고 여행을 하고 타인을 만나 서로 이해하는 법을 터득해야 할 때인데 말이다. 그 시기에 얻은 것으로 평생을 사는 게 자연스러운 과정인데 그럴 기회가 애초에 박탈된 상태. 내가 그랬던 것처럼 시작부터 뒤틀린 인상이라서 되돌아오는 발걸음이 늘 무거웠다(취직 걱정이 심한 아이들에게는 해양대학을 가서 항해사나 기관사가 돼보는 건 어떠냐고 권한다. 요즘 우리나라 해양 산업이 쪼그라들기는 했지만).

 불편한 게 하나 더 있다. 바로 교장실에서 교장과 차 마시는 것. 이거 정말 안 하면 좋겠는데 하게 된다. 말 그대로 형식이다. 그때마다 교장실이 너무 크고 화려한 것에 나는 놀랐다. 내 기억 속의 교장실이란 온갖 트로피와 깃발 따위가 잔뜩 모여 있는 좁은 방 정도였는데 정말 달라졌다.

 어느 학교에서는 (직접 눈으로 본 적은 없지만) 대기업 회장실이 아마 이러지 않을까 싶을 정도였다. 단 한 명을 위해, 그것도 학교에 이렇게 넓고 고급스러운 방이 있어야 할까. 이 비용만 줄일 수 있으면 좋겠다는 생각, 안 들 수 없었다.

 교장이라는 직책도 그렇다. 그곳에서는 우두머리겠지만 학교만 벗어나면 그저 머리 벗어지고 나이 든 중늙은이가 아닌가. 아이들이 학교만 벗어나면 생생한 생명체가 되는 것과 반대로. 주눅든 학생과 화려한 교장실. 그 둘의 거리가 우리나라 교육 현실 아니겠는가. 난 오랫동안 학교 교장이나 이사장이 호미 들고 화단 정리하는 모습을 보는 게 소원이었는데 아직 한 번도 못 봤다.

죽음의 품위

 '필차기'라는 게 있다. 마당 같은 곳에 네모 칸을 연달아 그려놓고 깨금발로 돌을 차는 놀이이다. 돌이 금에 걸치거나 바깥으로 나가면 아웃이 된다. 육지에서는 '사방치기'라고 불렀다. 거문도의 동도초등학교 다니던 시절, 그 놀이를 같이하던 친구가 있었다. 학교가 옆 마을에 있어서 하교할 때 바닷물이 밀려나 있으면 바닷가로 다녔다. 1, 2학년 때는 모양 좋은 돌 고르는 게 그곳에서 늘 하던 짓이었다.

 그렇게 어울려 놀다가 어른이 되어 토목 사업가와 소설가, 이렇게 각자의 길을 살았는데 끝내 더 엇갈리고 말았다. 그 친구가 지난겨울 심장 발작으로 앰뷸런스 안에서 유명을 달리한 것이다. 이렇게 되면 어렸을 때의 추억은 호랑이 담배 피우던 시절 옛날이야기처럼 아득히 멀어져버린 느낌이다.

 비슷한 시기, 거문도에 살고 있는 다른 친구 하나도 같은 증세로 쓰러졌다. 헬기로 급히 후송되어 거의 기적에 가깝게 살아났다. 우리는 이 친구 나이를 2살로 친다. 새롭게 태어났다고. 그래서 술도 안 따라준다.

낚싯배 하는 선배는 지난해 뇌출혈로 쓰러졌다. 항구의 병원을 거쳐 서울에서 수술을 하고 회복되어 내려왔다. 얼마 전에는 재발하여 또 실려 갔는데 이번에도 무난하게 회복되었다. 같은 증세로 시 쓰는 동료 한 명은 지금 병원에 누워 있다. 애타게 회복을 기원하고 있지만 아직 의식을 차리지 못하는 중이다.

질병으로 인해 삶과 죽음이 매번 뜻하지 않게 갈리는 인생을 우리는 살고 있다. 그렇기에 의사와 병원이 절대적인 존재가 된다. 그들 외에는 기댈 곳이 없기 때문에.

이곳 섬에는 보건소만 있다. 공중보건의는 병역 대신 온 이들이라 어리다. 비슷한 연배의 어린 의사들이 계속 교대하고 나는 나이를 먹어가니 그 차이가 해마다 늘어난다. 그런데 나뿐만 아니라 늙은 주민들까지 모두 그들에게 경어를 쓴다. 존경해서? 그럴리가. 잘 모르는 남의 집 아들내미를 왜 존경하겠는가. 의사라서 존중하는 것이다. 물론 이때의 존중은 상대의 인품 덕에 생기는 게 아니다. 의사를 왜 만나는데. 우린 병에 걸리는 순간 최고의 약자가 된다. 그런데 병은 수천, 수만 가지다. 약자가 될 확률, 아주 높다.

우리가 병원에 가는 이유는 아프기 때문이고 그리고 안 죽기 때문이다. 평균수명이 엄청나게 높아졌지만 환자인 상태로 평균 십몇 년을 보낸다고 하니 이게 정상적으로 사는 건지 잘 모르겠다.

어떻든 간에 병원을 가면 우선 검사에 질린다.

언젠가 서울 어느 약국에 앉아 있을 때였다. 한 아저씨가 약사에게 불평을 해댔다. 종합병원에서 이런저런 검사를 하느라 150만 원이 들었는데 결국 아무 이상 없다고 판명 났다는 것이다. 행색이 가난해 보였다. 그러자 옆에 있던 아줌마가 깔깔 웃었다. 자기도 머리가 아파 병원에 갔으며 이런저런 검사를 받느라 5일 동안 다녔는데 도중에 머리가 싹 나아버렸단다. 아저씨는 눈만 끔벅였다.

"약 하나 안 먹었어요."

아줌마는 계속 웃었다. 그때 그녀가 사 간 것은 무좀 연고였다. 아저씨의 얼굴이 더 어두워졌다.

나도 병원에 간혹 간다. 편안치 않은 젊은 시절을 보낸 탓에 이곳저곳이 순서대로 아프니까. 그때마다 '젊어 농땡이가 늘어 보약이다'라는 말을 절감하곤 한다. 심지어 해경 경비정을 타고 나간 적이 있다. 풍랑이 인 밤이었는데 더 이상 통증을 견딜 수가 없어 타게 됐다. 그들은 민간인 구조 활동에 대한 증거물로 나를 사진에 담았다. 나로도 가까이 가자 관할구역이 바뀌는 관계로 다른 경비정으로 옮겨 타야 했다. 파도가 높아 간신히 옮겨 탔다. 이렇게 해경 경비정이나 119 헬기가 운영되기 전에는 해군 피케이션을 타고 나갔다. 그 배는 속도는 빠르지만 파도의 충격이 대단해서 환자는 말 그대로 죽을 곤욕을 맛보곤 했다.

그렇게 병원에 도착하면 약자이자 죄인으로 변해버린다. 섬마을 어린 공중보건의 앞에만 가도 그러니 큰 병원이야 말할 것도 없다. 그들은 병에 대해 잘 알고 우리는 모르기 때문만일까?

의사들은 목뼈를 경추라 하고 발등을 족배라 하고 겨드랑이를 액와라고 하며 간지러움을 소양증이라 한다. 더 있다. 물집은 천포창, 두근거림은 심계항진, 물린 상처는 교상. 꽃가루 알레르기는 고초열이라고 한다. 쉬우면 의료 용어가 아니다. 이렇게 한문 형태 아니면 죄다 영어이다. 영어로 휘갈겨 쓴 자신의 차트를 몇 번씩 본 기억, 있으실 것이다. 일반인이 알아들을 수 없어야 위상을 유지하기에 좋을 테니까.

한 환자가 물었다.

"그러니까 제 병명이 무엇이죠?"

"감기 몸살입니다."

"그러면 그것을 의사들이 쓰는 용어로 알려주세요."

"왜요?"

"회사와 마누라에게 말하게요."

의료 지식 독점을 조롱하는 일화다. 그런 용어를 우리는 잘 모르니까. 그러니 무지한 존재가 된다. 무지하면 죄인이다. 특히 안 좋은 의사를 만나면 더욱 그렇다. 여기서 안 좋은 의사란 야단치고 협박하는 의사이다. 그들은 모니터만 들여다보며 '금지' '절대로' 같은 단어를 내뱉는다. 완벽하게 건강한 몸을 기준으로 삼기 때문에 의사 앞에 앉는 순간 야단맞고 협박받는 건 보장되어 있다.

이를테면 나는 술을 마시는데 그것 때문에 속병을 앓았다. 당연히, 절대 마시지 말라고 한다. 참 쉽다. 나도 아는 것이니까. 그것으로 의사 역할은 끝이다. 몇 개 더 있긴 하다. 첨단 의료 기기가 내놓은 사진과 수치를 읽어내는 것. 대화는 없다. 얼굴도 보지 않고 간단히 말만 하기에 1분도 채 걸리지 않는다(듣자니 어떤 병원에서는 일과가 끝나면 그날 진료한 환자 수를 문자로 보내서 의사를 압박한다고 한다. 이러니 그들도 고달플 것이다). 나는 그저 네네, 하며 잔뜩 주눅만 들어 나온다. 이런 의사 노릇은 사진 보는 법과 수치 공부 두어 달만 하면 나도 하겠다는 생각이 들곤 한다.

마지막 모습은 내가 선택하고 싶다

내가 의사라고 가정하고 나 같은 환자랑 이야기를 나눠본다. 직업이 작가라는 것을 듣는다. 작가란 아무래도 술, 담배와 가까운 직업이다. 그런 직업 아니라도 상관없다. 친구가 찾아왔을 때, 달은 떠 있고 잠은 안 올 때, 가까운 지인이 세상을 떴다는 소식을 듣거나 인생이 허전하다고 느낄 때 술 한잔 안 마실 수 없다. 그런 상황이라면 이해해준다. 어느 정도는 결국 마신다고 보고 몸이 덜 상할 방법을 같이 고민해준다. 그게 진짜 의사라고 나는 생각한다. 내가 의사라면 정말 그래보고 싶다.

한번은 담당 의사에게 술을 몇 번 마셨다고 고백했다. 그의 안색이 굳어졌다. '아니, 내 말 안 듣고?' 이런 표정이었다. 나는 주저주저하면서 말했다.

"살다 보면 예외라는 게 있잖습니까?"

그는 단호한 표정으로 답했다.

"예외란 없습니다."

어떤 감정 동요 없이 살라는 소리다. 마음이 흔들리는 것은 상대에 의해 내 기준이 흔들린다는 소리인데, 그것이 대상을 이해하는 방법이기도 한데 그런 것 무시하고 건강한 몸 상태만 유지하라는 것. 그 몸으로 무엇을 해야 할까, 에 대해서는 고민도 없이 말이다. 더 큰 문제도 있다. 푹 쉬란다. 제기랄, 최소한 한 달은 열심히 일해야 벌 수 있는 돈을 검사비와 진료비로 받으면서 환자에게는 일하지 말고 쉬란다.

좋은 의사가 있기는 했다. 병원 이름을 말하면 광고 같으니까 안 하겠다. 이 병원 원장은 5일 만에 퇴원하는 나에게 이렇게 말했다. "잡곡으로만 밥을 해 먹는다는 조건으로 하루에 맥주 한 병과 소주 반병." 그리고 씨익 웃었다. 나는 그의 처방을 조금 다르게 해석해서 하루 안 마셨다면 그다음 날 맥주 두 병과 소주 한 병, 이렇게 적립식으로 계산해서 마시기는 하지만.

동네 선배는 담도 종양이 발견되어 수술과 입원을 했다가 얼마 전에 돌아왔다. 운 좋게 1기여서 큰 문제 없었다. 혹시 모르니 항암 치료 하자는 말은 거부했다. 병동에서 만난 거구의 사내들이 굶으며 계속 검사받느라 비쩍 곯아가는 모습을 보고 충격을 받았다는 것이다. 그는 항암 치료 대신 날마다 아내와 함께 바닷가를 산책하면서 지낸다. 보기에 좋다.

우리 인생에서 최악은 돈 벌기 위해 죽도록 고생한 다음 늙어서는 그것으로 인해 병을 얻고 모아둔 재산을 의료비로 다 탕진한 뒤 죽는 것이다. 링거 줄줄이 달고 온갖 계기판에 라인을 연결한 채.

그다음은 별로 아프지 않은데도 전전긍긍하며 병원 순례를 하는 것이다. 텔레비전 채널마다 툭하면 질병에 관한 잔소리를 쏟아내니 공연히 겁에 질려서 이 병원 저 병원 전전한다. 요즘 유행하는, 건강염려증 환자들의 의료 쇼핑이다.

현생인류는 지금까지 990억 명이 지구에서 살다가 죽었다. 내가 세본 것은 아니다. 책에서 읽었다. 여기서 떠오르는, 뻔하지만 툭하면 잊는 교훈 하나. 누구라도 꼭 죽는다는 것. 의사도 마찬가지라는 것. 그러니 마지막 단계는 의사가 아니라 자신이 스스로 선택해야 한다고 나는 생각한다. 최소한 죽어가는 과정만큼은 링거 줄줄이 꽂고 병원에 누워 있는 것으로 보내고 싶지 않으니까. 어차피 가망 없다면 품위를 유지하며 죽는 게 마지막으로 해야 할 노력 아니겠는가.

지인의 장인어른이 의식불명 상태로 오래도록 중환자실에 입원해 있었다. 아흔 넘은 고령이었다. 의사와 가족들은 더 이상의 치료가 무의미하다는 데 서로 동의했다. 생명 연장을 위한 의료장비를 제거하기로 한 것이다. 그런데 그동안 한 번도 찾아오지 않던 친척 한 명이 나타나서 화를 냈다. 안 된다, 당장 음식부터 먹여라, 개신교 신자인 내 신념으로는 용서할 수 없다, 라고. 그 사람이 하도 성화를 부려서 기도 삽관을 하고 죽을 밀어 넣어야 했다. 일단은 그 말이 옳기는 하니까. 이틀 뒤 환자는 배변을 하기 시작했다. 이제 가족들은 똥까지 닦아내야 했다. 그런데 그 사람은 손가락 하나 거들지 않았다.

 이런 상황 낯설지는 않으실 것이다. 현재 우리의 모습이니까.

살려면 배가 한 척 있어야

내 기억 속 최초의 배는 외삼촌의 어선이었다. 통통배라고 불렀던, 2사이클 행정의 소구기관 배였다. 외삼촌은 그것으로 어장을 다녔는데 내가 맨 처음 그 배를 얻어 타고 따라간 게 7살 때였다. 보통은 저녁에 그물을 내리고 다음 날 새벽에 걷는 게 순서지만 그날은 조금 달랐다.

지금 생각해보면 마을 청년들과 심심하게 앉아 있다가 즉흥적으로 '그물 한번 놓으러 가자' 이랬던 것 같다. 대낮이었고 나도 덩달아 따라갔으니까. 도착지는 지금 내가 사는 해수욕장이었다. 길게 그물을 내려놓고 뒤로 빠진 배에서 사람들은 돌을 던지기 시작했다. 손아귀에 쥐일 정도 크기의 조약돌이었는데 이런 것을 '빵돌'이라고 한다. 물고기를 놀래서 그물 있는 쪽으로 모는 역할을 한다. 나도 던졌다. 짧은 시간 안에 많이 잡아 올리는 방법인 것이다. 누군가 내게 물었다.

"어떤 고기가 가장 먼저 올라올 것 같니?"

나는 모래망치(보리멸)라고 대답했다가 조금 뒤 상사리(어린 참돔)라고 고쳤다. 공연히 고민되었던 것인데 결국 틀렸다. 숭어가 가장 먼저 올라왔으니까. 그들은 그날 광주리 가득 생선을 잡아 와서 굽고 회를 떠 왁자하니 술을 마셨다. 남은 것은 사람 수대로 나누고. 그 장면을 보면서 나는 생각했다. '살려면 배가 한 척 있어야 하는 것이구나.'

배에 대한 관심이 커진 게 그때부터였다. 배마다 엔진 소리가 조금씩 다르다는 것을 알아냈고 누구네 배가 가장 빠른가를 두고 친구와 사카린 내기도 했다. 이기기도 하고 지기도 했다. 마을 앞에 묶여 있는 어선마다 올라가서 구석구석 살펴보기도 했다. 식수통을 열어보고 선실도 들여다봤다. 어떤 배든 선실에는 꼭 같은 게 있었다. 군용 모포와 화투짝.

시동을 걸면 연통에서 도넛 모양의 동그라미가 회전을 하면서 솟구쳐 올라왔다. 나는 그게 신기하여 한번은 연통 속을 들여다보았다. 컴컴하기만 해서 더욱 바짝 얼굴을 가져다 댔지만 끝내 아무것도 안 보였다. 그날 오후 나를 본 동네 사람들은 모두 웃었다. 얼굴에 연통의 검댕이 동그랗게 찍힌 것을 나만 모르고 있었다.

거문도에서 여수 나갈 때 맨 처음 탔던 여객선은 삼산호였다. 일본 고등어 운반선을 나포하여 개조한 것이랬다. 한일 협정 맺기 전에는 그런 일이 종종 있었다고 한다. 거문도 어장이 좋아 강점기에 일본인들이 많이 살았으며 해방 뒤에도 그렇게 어장 하러 온 배들이 많았으니까. 그래서 선실은 다다미가 깔린 방이었다.

여수까지 8시간 걸렸다. 삼산호 이후 지금까지 내가 탔던 이 노선의 배는 한두 척이 아니다. 신라호, 덕일호, 신영고속훼리호, 한일3호, 타고마, 데모크라시, 페레스트로이카, 페가서스, 가고오고, 오가고, 줄리아아쿠아……. 탈 때마다 역시 배가 있어야 한다고 생각했다. 배가 없으면 섬은 고립된, 작은 땅덩어리에 불과하다.

20대 중반에 탔던 오징어잡이 배도 있었다. 구아다리(계절 선원)로 탔는데 식비와 채비값 제외하고 나니 남는 게 별로 없었다. 그리고 여수로 내려와 이런저런 양식장 작업선을 탔다. 여수 앞바다 마을과 양식장 있는 곳은 죄다 찾아다녔다.

여기서 잠깐. 예전에는 배에 여자를 태우는 게 금기였다는 것은 다들 알고 계실 것이다. 동양에서는 처음부터 여성에게 이런저런 금기를 많이들 붙여놨기 때문이고 서양에서는 배에 여성 관사가 붙는데(선박의 속성을 여성이라고 본 것이다) 거기에 여자가 또 타면 여성성 과잉으로 탈이 난다고 여겼기 때문이다, 가 일반적인 정설이다. 선원들의 실수나 판단 착오로 생긴 사고의 핑계를 여자에게 돌린 혐의가 짙은데 거기에 덧붙여 내 추측이 하나 더 있다.

일반 어선에는 화장실이 없다. 항해 중에 사내들은 오줌을 바다에 눈다. 그것은 그렇다 친다. 똥까지 그렇다는 게 문제다. 격벽에 올라앉아 고정용 말뚝을 잡고 바다를 향해 엉덩이를 까는 게 처리 방법이었다. 그러니까 그 모습을 보여주기 민망하고, 여자들 입장에서는 일 처리하기 더욱 거시기해서 안 태웠던 것으로 나는 본다. 아니면 말고. 아무튼 그렇게 돈벌이를 하면서 역시 배가 있어야 하는구나, 또 생각했다.

1999년부터 다음 해까지 거문도에서 산 적이 있다. 그때도 외삼촌은 1톤도 채 되지 않는 작은 어선을 가지고 있었다. 그 배는 이렇게 생겼다. 완도 어디쯤에서 거문도로 삼치 낚으러 온 늙은 부부가 있었다. 방 하나 얻어놓고 먹고 자면서 어장을 다녔는데 부부 싸움을 심하게 했나 보다. 싸움 끝에 화가 머리꼭지까지 오른 영감님이 돌연 배를 전속력으로 몰아 마을 앞 물양장에 일부러 받아버렸다. 배는 가라앉았고 그는 그 상태로 선박 수리소 주인에게 싸게 팔고 가버렸다. 수리소 주인이 건져내서 고친 것을 외삼촌이 산 것이다.

나와 삼촌은 날마다 그 배를 타고 그물을 놓고 도미와 삼치를 낚으러 다녔다. 넉넉하기는 역시 그물이다. 깜깜한 새벽에 나가 서른세 칸 그물을 올리고 생선과 소라, 해삼, 문어 따위를 다 추려내면 정오였다. 그걸 날마다 해서 허리가 끝없이 아팠다. 그래도 수확물을 보면 흐뭇했다. 역시 배가 있어야 했다. 내 배만 없었다.

그리고 10년 전 고향 섬으로 다시 돌아왔다. 주로 가까운 방파제와 갯바위로 낚시를 다녔는데 간혹 가두리로 가고 싶을 때가 있다. 그러면 가두리 주인에게 부탁하여 그의 배를 얻어 타고 가야 했다. 그가 마음이 바뀌거나 일정이 틀어져서 2시간 동안 선착장에서 기다리다가 그냥 돌아온 경우도 있었다. 갔다 하더라도

그가 퇴근하면 꼼짝 못 하고 같이 돌아와야 했다. 배 없는 서러움이 사무쳤다.

날이 좋아 멀리 일급 포인트 갯바위에 가고 싶으면 낚싯배 하는 선배에게 부탁해야 했다. 그때도 출발하고 돌아오는 것 모두 그 배 일정에 맞춰야 했다. 아무리 잘 물고 있어도 소용없었다. 다른 손님들 여객선 타는 시간이 더 중요하니까. 너무 안 잡혀 돌아가고 싶어도 데리러 올 때까지 그냥 앉아서 기다려야 했다. 역시 내 배가 있어야 했다.

바다와 일대일로 대면하는 가장 좋은 방법

노 젓는 거룻배를 여기서는 '뗌마'라고 한다. 그중 작은 것은 '오마리'라고도 한다. 그런 거라도 한 척 있으면 해서 찾아다녔는데 이제는 그런 배 구경하기도 어렵다. 하다못해 육지 호수에서 돈 내고 타는, 발로 페달을 돌리는 오리배라도 하나 구해올까 궁리한 적도 있었다. 컨테이너선을 타고 두바이와 유럽에 갔을 때, 그리고 아라온호 타고 북극해 갔을 때도 역시 배의 존재감은 분명했다. 남중국해와 인도양, 아라비아 해, 지중해, 대서양, 그리고 베링 해와 북극해를 바라보며 배가 갖는 최고의 매력을 재확인했으니까.

"현대 첨단 기술의 집약이 바로 선박입니다."

어느 항해사가 그 말을 했을 때 나는 고개를 끄덕였다. 첨단 운운하면 열차 운전사는 당연히 자기부상열차라고 하고 파일럿은 비행기라고 하고 카레이서는 스포츠카라고 하고 우주 비행사는 우주선이라고 할 테지만 말이다.

아무튼 배가 없다면 불가능한 여행이었고 비행기를 타는 것과는 근본이 달랐다. 비행기는 여행이라기보다는 빠른 이동 자체니까. 과정 생략의 극단이니까. 반대가 배다. 시간이 많이 걸리므로 그 과정이 고스란히 살아 있다. 일상생활도 육지와 똑같이 해야 한다. 그래서 우주 비행기가 아니라 우주선船이다. 특히 데드슬로 $_{\text{dead slow}}$로 나아가는 컨테이너선 윙 브리지에서 보았던 홍콩의 야경은 지금도 잊을 수가 없다. 항구의 야경은 배에서 봐야 진짜다. 얼마나 아름다웠던지 배를 통째로 보듬어주고 싶을 정도였다.

하지만 어디서나, 언제나 공통점은 하나. 내 배가 아니라는 것. 이렇게 많은 배들 중에 내 것은 없다는 것. 그게 늘 마음을 허전하고 쓸쓸하게 만들었다. 그러다가 마침내 '질러버린' 게 동성호다.

돌아보면 나는 스스로를 위해 투자를 안 하는 스타일이었다. 웬만한 불편은 그냥 견디고 살았다. 그런 내가 일을 저지른 것이다. 한 명 끌어들여서. 앞서 말한, 슈퍼 하고 있는 사진작가 선배다. 둘이서 절반씩 내서 중고로 샀는데 평생 스스로를 위해 쓴 돈 중 가장 큰돈을 썼다. 사람들은 뱃값을 정말 궁금해한다. 그것은 끝에서.

한 사람이 바다와 일대일로 맞대면하는 방법 중에 가장 좋은 게 무얼까. 알몸으로 뛰어드는 방법이 있지만 그것은 잘해봤자 해안에서 첨벙거리는 풍경밖에 안 된다. 홀로 내 배를 몰고 푸른 바다로 멀리 나가는 것. 속도를 죽이고 파도 따라 자연스럽게 떠밀리는 그 순간에 바다와 내가 정면으로 만나고 있다는 느낌이 든다. 보름달 뜬 밤바다는 더욱 그렇다. 내가 배를 가지고 싶었던 진짜 이유기도 하다.

지난 4년 동안 동성호를 타고 다이빙을 하러 다니고 전갱이와 장어, 참돔과 농어를 낚으러 다녔다. 갯것도 다녔다. 최근에는 불볼락을 낚으러 다녀왔다. 살다 보면 동식물이나 사물도 나와 맞는 궁합이 따로 있다. 동성호는 지금까지 속 한번 안 썩였다. 비록, 낚시하다가 해경 단속에 걸려 벌금을 문 적은 있지만 그건 배 잘못이 아니었다. 무면허인 데다 배 등록이 양식장 관리선이었으니까. 관리선 타고 낚시하면 불법이다. 법률 이전부터 대대로 이렇게 물고기를 잡아왔다고 자연의 법칙을 들먹이며 저항했지만 (웃기게도 다음 날 나는 여수에서 해양경찰 상대로 강연이 약속되어 있었다. 그리고 풍랑 때문에 나가지 못해서 취소했다) 결국 물었다. 그 뒤 면허를 따고 배 등록도 레저로 바꾸었다.

나는 지금도 동성호 산 걸 인생에서 가장 잘한 짓 두어 가지 중에 하나로 친다. 그래서 간혹 툭툭 두드리며 고맙다고 말하곤 한다. 큰 배와 조우해서 속도를 줄여 파도를 탄 다음 다시 출발해야 할 때는 배 없는 서러움 대신 배 작은 서러움이 몰려오긴 하지만 말이다. 나는 오늘도 동성호 타고 바다로 나간다.

  아, 배값은 일인당 700만 원씩 냈다.

벤치의 나이테

세상에 의자가 있다는 것은 엄청난 미덕이다. 직립보행이 우리 인간의 특징이라고는 하지만 서 있는 것보다 앉는 것을 원하고 앉는 것보다 눕는 것을 편안해하니(그래서 삶의 마무리도 눕는 자세이다) 직립이 좋아서 그러는 것 같지는 않다. 공연히 서서 다닌 탓에 치질과 추간판 탈출증, 즉 디스크를 달고 산다. 네발짐승은 이 두 가지 질병이 없단다. 그렇다고 기어서 회사와 학교, 시장에 갈 수는 없는 노릇이다. 어쩔 수 없이 서야 한다. 그럴 때마다 새삼 떠올린다. 의자가 얼마나 고마운 존재인지(입석으로 버스나 기차 탔을 때를 떠올려보시라), 맨 처음 의자를 만든 사람은 누구인지, 그런 궁금증까지.

그래서 나온 시일 것이다. 이정록 시인의 〈의자〉 중 일부이다.

허리가 아프니까

세상이 다 의자로 보여야
꽃도 열매도, 그게 다
의자에 앉아 있는 것이여

주말엔
아버지 산소에 좀 다녀와라
그래도 큰애 네가
아버지한테는 좋은 의자 아녔냐

이따가 침 맞고 와서는
참외밭에 지푸라기도 깔고
호박에 돌이도 받쳐야겠다
그것들도 식군데 의자를 내줘야지

싸우지 말고 살아라
결혼하고 애 낳고 사는 게 별거냐
그늘 좋고 풍경 좋은 데다가
의자 몇 개 내놓는 것이여

 의자라는 단순한 사물이 이렇게 인생살이를 담뿍 담아낼 수 있는 상관물이란 것을 훌륭하게 보여준다. 힘든 사람 앉으라고 내준 의자는 감동스럽다. 아름답기까지 하다. 길을 걷다가 만나는 벤치는 더욱 그러하다. 은행잎 휘날리는 가을 오후 공원 벤치는 얼마나 아름다운가(반대로, 그 공원 어디에도 벤치가 없다면 얼마나 황량한가).

그리고 그 벤치는 누가, 어떤 자세로 앉아 있는가에 의해 각각 독립된 풍경으로 변하면서 다른 이로 하여금 한동안 바라보게 만든다. 지팡이를 짚은 노신사에게서는 성체처럼 높이 다져진 깊은 연륜을(비록 정신이 오락가락한다 하더라도), 보따리 든 할머니에게서는 수평선처럼 낮게 가라앉은 시간의 중첩을(남편의 폭력을 피해 도망쳤다 하더라도), 중년 남성에게서는 청춘의 낭만을 되돌아보는 고독을(경마장에서 돈을 다 날렸다 하더라도), 중년 여성에게서는 잃어버린 자신을 찾아 나선 용감한 외출을(11개월 단기 계약이 끝나 또 다른 비정규직 자리를 찾아 헤매는 중이라 하더라도), 젊은 남자에게서는 이제 막 본격적인 인생의 출발점에 서 있는 의연한 순간을(입사 면접시험에서 일곱 번째 떨어졌다 하더라도), 젊은 여자에게서는 어제 들었던 인문학 강좌의 깊은 울림을 되새기는 순간을(이어진 회식 자리에서 직장 상사가 성희롱을 남발했다 하더라도), 10대 소녀에게서는 처음으로 자신의 존재에 대해 고민하는 모습을(담배 피우다 걸려 학교를 땡땡이쳤다 하더라도), 10대 소년에게서는 곧 찾아올 사랑에 대해 꿈꾸는 모습을(성적 비관으로 자살을 생각하는 중이라 하더라도), 심지어 어린 꼬마에게서는 마법의 세계와 맞닥뜨린 동화의 주인공 같은 모습을(엄마가 집을 나갔기 때문이라 하더라도) 우리는 보게 된다.

거문도에도 내가 좋아하는 벤치가 있다. 집에서 목너머(지명이다)로 걸어가면 만날 수 있는, 야트막한 고갯마루에 자리하고 있는 벤치 두 개다. 산에서 가장 좋은 명당은 나무꾼들이 앉아 쉬는 곳이라고 했던가. 그 말이 맞는다면 그곳은 최고의 명당이다. 어느 누구도 그곳에서는 앉게 되니까. 그럴 만도 한 게, 오르막 끝에 있는 데다 바다 먼 곳까지 한눈에 들어오기 때문이다. 무인도인 안놀섬과 반놀섬, 그리고 소삼부도와 대삼부도가 차례대로 줄지어 있는 데다 날이 좋으면 저 멀리 백도도 뚜렷하게 보인다. 나는 그중 위쪽 벤치에 주로 앉아 있곤 한다.

모든 벤치가 자신만의 인상을 지니고 있다

바다는 그날 어떤 바람이 부느냐에 따라 표정이 변한다. 동풍은 파도가 높아 바다를 거친 세계로 만들어버린다. 습기를 머금은 남풍은 묵직한 너울을 몰고 온다. 여차하면 비도 온다. 서풍은 얌전함의 대명사다. 아직 파도가 높이 치고 있지만 동풍에서 서풍으로 바뀐다면 곧 잔잔해진다는 신호이다. 북풍도 서풍과 크게 다르지는 않지만 자주 불지는 않는다. 대신 겨울철에는 북서풍이

자주 분다. 북서풍은 여름 동안 온도가 높아진 유라시아 대륙에서 식어버린 태평양으로 부는 계절풍이다(10월 중순에서 4월 중순까지 불어온다. 최근 중국의 미세 먼지를 싣고 오는 게 이것이다). 이 바람은 날카롭고 냉정하다. 그 때문에 바다는 겨우내 하얗게 변하며 을씨년스러워진다. 이렇게 모든 바람은 아이덴티티가 분명하다. 그날 어떤 바람이 부느냐에 의해 낚시할 대상 어종과 장소가 정해지는 것도 이런 이유 때문이다.

그 벤치에서는 바다의 표정이 잘 보인다. 바다의 기분이 보인다고 해도 무방하다. 내가 뿜어 올린 담배 연기도 그때 부는 바람의 방향대로 흘러간다. 바다의 1년이 표정을 바꾸며 흘러가는 것을 그곳에서 확인한다. 단순히 나무 몇 개 엮어놓은 것이지만 벤치가 없었다면 무심하게 바다를 바라보는 시간은 훨씬 줄어들었을 것이다.

이것 외에도 벤치와 관련하여 나는 많은 추억을 가지고 있다. 아예 벤치를 집으로 삼아 지낸 적도 있었다. 20대 중반, 1987년 6월 항쟁이 끝났을 때였다. '이 정도면 됐다, 그만두자.' 뒤늦게 들어가 1년 반 다니던 지방대학을 때려치우고 나는 떠돌았다. 살다 보면 그럴 때 있다. 일도 하기 싫고 책도 읽기 싫고 그냥 자신을 가만히 놔두고 싶을 때 말이다. 그 전까지 방학이면 공사 현장을 찾아다녔는데 학교를 그만두고 나니 그럴 의욕도 함께 사라져버린 것이다.

나는 걸었다. 지방도와 국도를 따라 걸었고 어떤 때는 기찻길도 따라 걸었다. 한 무리의 나이 든 사내들이 기차선로 보수 일을 하고 있었다. 그중 한 명이 나를 건드렸다. 기찻길을 걷는 것은 불법이니 당장 나가라는 것. 그때나 그 전이나 지금이나 나는 누구라도 고압적인 자세로 윽박지르는 사람을 만나면 발끈한다. 이른바 '완장'에 대한 거부감이 발동하는 것이다.

 이건 길이다, 그래서 나는 걷는다고 말했다. 그 사람은 나에게 신분증을 보자고 했다. 당신 것부터 보자고 내가 대꾸했다. "이거 말로는 안 되겠네. 당장 경찰서에 신고해야겠네." 그가 말했다. 도대체 기찻길을 걷는 것만으로 경찰에 신고하는 게 말이 되느냐고 나는 따졌다. 그는 끝내 가방을 열어보라고 했다.

 "당신이 무슨 권한으로 내 가방을 봐?"

 "수상하니까. 간첩인지도 모르잖어?"

 "간첩 같은 소리 하고 있네. 내가 진짜 간첩이면 이 가방 안에 총하고 수류탄이 들어 있어. 꺼내는 순간 당신은 죽어."

 실랑이가 멱살잡이까지 가자 다른 사람들이 뜯어말렸고 나는 내처 기찻길을 걸어갔다. 통일호와 무궁화호가 한 번씩 옷깃을 사정없이 펄럭이며 지나갔다. 뭐 그런 식이었다. 그러다 밤이 되면 소주에 생라면을 씹어 먹고 벤치에서 잤다. 낮에도 벤치에 앉아 있었다. 세상 모든 벤치마다 풍경이 제각각이라는 것을, 모든 벤치가 자기만의 인상을 지니고 있다는 것을 그때 알았다.

 새벽이면 추워서 몸이 오그라졌다. 그러면 다음 벤치를 찾아 걸었고 그러다 해가 떴다. 주머니 속 돈은 점점 더 줄어갔고 신발 밑창은 닳아갔다. 쓸쓸함이 지나치면 한때 사랑했던 여인을 떠올리기도 했다. 그럴 때마다 '심재영과 젊은 연인들'의 〈젊은 날의 초상〉이라는 노래를 불렀다. 꼭 그럴 것 같은 마음이었으니까.

가다 보면 어느새 그 벤치, 그 벤치, 귀에 익은 그 목소리 들려올 것만 같아, 나 여기까지 왔어요.

그러다 커다란 도시에 다다랐고 이번에는 공원을 찾아들었다. 벤치 많기로는 공원이 최고다. 그런데 밤이 되자 '귀에 익은 그 목소리'는 들려오지 않고 대신 다른 방문객들이 있었다. 상태가 나와 크게 다르지 않은, 일용직 행색의 중년 남자들이 찾아온 것이다. 먼저 한 남자가 와서 나에게 말을 걸었다. 왜 이런 곳에서 자려고 하느냐, 집이 없느냐, 무슨 일을 하느냐…… 일일이 대답하기 귀찮았던 시간이 좀 지나자 그는 이렇게 말했다. 우리 집으로 가자, 라면에 소주를 주겠다. 난 노숙하는 사람에 대한 단순한 친절이라고 생각했다.

아니었다. 나중에 내가 '프롤레타리아 게이'라고 불렀던 동성애자들이었다. 그들의 정체성과 선택에 대해서는 존중하지만 그 성향이 없던 나는 정중히 거절했다. 그 남자는 끈질겨서 한참이나 나를 설득하다가 돌아섰다. 그러자 그때까지 나무 뒤에 서 있던 다른 남자가 또 다가와서 잠을 재워주겠다, 라면과 소주를 주겠다, 제안해왔다.

가만히 보니 나무 뒤마다 남자 한 명씩 서 있었다. 마치 번호표

뽑고 기다리는 사람들처럼. 그들에게는 내가 '뉴 페이스'였던 것이다(뉴 페니스가 맞으려나?). 그 덕에, 내 잠자리는 이 벤치 하나로 충분하기 때문에 귀하들을 따라갈 의사가 전혀 없노라고 거의 대중 연설을 해야 할 지경에 이르렀는데도 별로 먹히지 않아서 몇 시간을 시달려야 했다. 그중 한 명과는 성 정체성에 관해 심도 있는 토론까지 벌이게 되었고 그들에 대한 이해가 조금은 더 깊어졌지만 그렇다고 내 정체성이 바뀌는 것도 아니고 그들도 포기하지 않았다. 결국 내가 졌다. 몇 시간 동안 정들었던 벤치를 버리고 끝내 이사를 감행한 것이다. 역구내 벤치로.

내가 앉거나 잠들었던 그 많은 벤치들은 아직도 그 자리 그대로 있을까. 이 생각은, 목너머 가는 고갯마루의 벤치에 그동안 얼마나 많은 사람들이 앉았을까, 하는 것과 궤를 같이한다. 낯선 섬의 벤치에 앉아 웃기도 하고 한숨 내쉬기도 하고 망연자실 침묵하기도 하고 더러 울기도 했을 것이다. 눈에는 안 보이지만 그곳엔 그동안 거쳐 간 이들의 이력과 사연이 한 줄 한 줄 나이테처럼 새겨져 있을 것만 같다. 벤치란 그런 장소니까.

말에서 떨어진 이유

나는 평생 딱 한 번 말을 탔는데 도중에 떨어지고 말았다. 낙마 확률 100퍼센트다. 내가 100퍼센트를 기록한 유일한 경우다. 쇄골이 깨지고 얼굴은 아주 피범벅이 되었다. 전치 8주 나왔다. 이렇게 된 사연이다.

예전 한국작가회의 사무국장 노릇을 할 때였다. 몽골 작가협회와의 교류 사업으로 몇몇 선배·동료 작가들과 몽골에 갔다. 그곳에 대한 첫인상. 하늘보다 땅이 넓었다. 땅은 위대하다는, 뻔한 소리가 저절로 나올 정도였다(부동산은 위대하다, 가 아니고).

울란바토르에 도착해서 이틀 동안 행사를 했다. 사회주의 흔적이 남아 있어서 그곳 작가들은 형식을 중요하게 생각했다. 약간은 지루했다는 소리다. 그리고 역시나 대륙은 시詩였다. 소설가가 드문 이유이기도 했다. 몽골에서는 1년에 한 번씩 열리는 시 낭송대회를 텔레비전으로 생중계한단다.

잠깐, 사흘 뒤 초원에서 보았던 장면 하나. 차로 달리다 보니 게

르 한 채가 있었다. 20분 뒤 그 게르를 향해 걸어가는 한 아이가 있었다. 10분 뒤 또 다른 게르가 있었다. 그 외는 그저 광활한 땅이었다. 그러니까 '옆집 가서 망치 좀 빌려 오너라' 해서 아이가 심부름 가고 있는 것으로 보였다. 거리는 30킬로미터 정도. 공간과 이동의 개념이 우리랑 너무 달랐다.

앞으로 돌아가서 행사장. 유럽으로 유학 다녀온 젊은이들을 가리키며 노시인이 우리에게 탄식했다. 거기만 다녀오면 죄다 포스트모더니즘이라는 것을 떠벌리는데 무슨 소리인지 당최 모르겠으니 혹시 설명해줄 수 있느냐는 것. 탄식은 나중에 나도 하게 된다. 30킬로미터 떨어진 옆집을 자연스럽게 다녀오는 꼬마. 그리고 17살이 되면 모은 돈을 들고 혈혈단신 유럽으로 건너간 뒤 다음 해 중고 지프를 사서 몰고 나타난다는, 농경민으로서는 상상할 수 없는 행보의 유목민 전통을 두고 무슨 얼어 돼질 포스트모더니즘을. 경계(국경)와 금지('접근하면 쏜다!')에 대한 혐오로 군사를 일으켰던 유목민의 정서는 오늘날 이동과 공유를 최고의 가치로 내세운 인터넷이 그대로 재현하고 있는데 말이다.

그리고 떠난 초원 트레킹. 지프 두 대와 소형 버스 한 대로 첫날 500킬로미터 정도 이동했다. 우리나라와 몽골 작가들, 그리고 다섯 명의 통역과 여타 조력자들 모두 함께.

점심시간. 커다란 하천 근처에서 그들은 차에다 빵을 먹었고 우리는 라면을 끓여 먹었다. 그때 문득 보았던 풍경. 12살 정도의 소녀가 긴 머리카락 휘날리며 커다란 말을 타고 있었다. 안장도 없이 말갈기를 잡고서. 그 뒤를 9살 정도의 사내아이가 누나보다 좀 작은 말을 타고 뒤따라 달리고 있었다. 끝없이 펼쳐진 초원에서 말 달리는 어린 남매. 칭기즈칸 보드카를 마셨을 때보다 3000배 정도 더 되는 감동이 밀려왔다.

저만큼 언덕 위에 게르를 조립하는 부부가 보였다. 나는 준비해 왔던 크레파스와 필기도구, 노트 따위를 한 보따리 들고 걸어갔다. 젊은 부부였다. 내가 들어서는 것을 보았는지 아이들이 말을 타고 다가왔다. 선물을 받아 든 그들은 그다지 고맙다는 표를 내지 않았는데 그게 그들의 특징으로 보였다(솔직히 말하면, 내가 만난 몽골인 대부분은 자신을 칭기즈칸으로 여기는 듯했다).

뒤따라 도착한 몽골 작가들과 젊은 부부가 대화를 나눴다. 거기서 다소 예기치 않은 상황이 전개되었다. 우리와 동행한 노시인이 아낙의 아버지와 친분이 있던 것. 우리는 기다렸다. 조금 뒤 부부가 정장을 하고 내려왔다. 노시인은 정좌했다. 부부는 말 그대로 공손하게, 특히 아낙은 반 무릎 꿇고 한 손으로 가슴을 가리고는 지극하게 절을 했다. 그 모습이 너무도 아름다워 나는 카메라를 만지작거리기만 했다. 차마 찍을 수가 없었던 것이다. 지금도 아쉽지만 내가 그들에게 할 수 있는 유일한 태도였다.

그리고 지천으로 널린 허브의 향기를 맡았고 동아줄을 타고 내려온, 내가 사는 섬에서보다 더 낮게 내려온 별들을 만났다. 이 자식, 말은 언제 나오는 것이냐, 하는 분 계실 것이다. 이제 나온다. 여행자용 게르에서 자고 나서 드디어 몽골 말을 타보는 순간. 경주마나 전날 어린 소녀가 탔던 그런 크기가 아니었다. 제주 조랑말보다 약간 큰 정도로 나를 태우고 자박자박 걷는 것이 전부였다. 영화에서 본 것처럼 아랫배를 가볍게 차보기도 했다. 달려봐, 달려보라고. 그러나 달리지 않았다. 내가 뭐라고 해도 딱 그 정도의 속도만 유지했다. 그렇게 훈련된 듯했다. 그렇게 말을 타고 오르막을 올라 칭기즈칸 박물관(이라고 초원 곳곳에 만들어놓은 여러 개 중 하나)에 갔다. 구경거리가 많지는 않았다.

세상 어디든 좋은 사람 되기란 힘든 모양이다

점심시간에 맞춰 우리는 박물관을 나왔다. 그때 가이드가 말했다. "말 타고 가실 분은 다시 타고 가세요." 그렇다면, 하는 마음으로 나는 내가 탔던 말에 올랐다. 올랐다, 까지만 내 판단이었다. 그때부터 문제가 생긴 것이다. 통역 중 한 명이 급히 달려와 말에 올랐는데(내 말 바로 옆이었고 우리 숙소에 급한 볼일이 있어 보였다. 이를테면 점심 관련한) 그 말이 달리기 시작하자 덩달아 내 말도 달리기 시작한 것이다. 전속력으로, 그것도 내리막을. 미처 고삐도 잡기 전이라 나는 안장 앞쪽에 반원형으로 튀어나온 조그

마한 고리를 붙잡았는데 느닷없이 다가온 전속력의 질주를 어떻게 받아들여야 할지 알 수 없었다. 이러다 뭣 되겠구나, 하는 생각뿐이었다.

내 말 머리가 앞의 말 엉덩이에 거의 닿을 뻔했고 어떤 때는 픽픽, 부딪히기도 했다. 원래 말이란 게 친구가 달리면 무조건 따라 달리는 습성이 있는 것으로만 보였다. 사정없이 달려 내리막을 내려온 말은 숫제 점프도 했다. 건천처럼 보이는, 돌멩이가 어지럽게 박혀 있는 곳에서 결국 나는 허공으로 날았고 곧바로 땅바닥에 처박혔다. 엄청난 충격과 고통. 숨이 막혀 호흡이 되지 않았다. 얼굴과 어깨의 통증이 가장 심했고 그 통증을 분산시키기 위해 애를 써야 했다. 사람들이 모여들었다. 먼저 이시영 선생께서 내려다보며 정신이 있는가 물었다. 내가 되물었다.

"아니, 신경림 선생님이 여기까지 무슨 일로 오셨나요?"

이시영 선생이 대답하셨다.

"농담하는 거 보니 머리는 괜찮구만."

나는 나 때문에 사람들이 불편해지는 게 죽도록 싫었다. 그래서 사용하지 않는 게르로 나는 치워졌다. 그곳에서 얼굴이 박살 났고 쇄골이 부러졌다는 것을 알게 됐다. 노시인이 찾아와 뭐라고 계속 말을 했다. 통역에 따르면 그동안 말에서 떨어졌다가 살아난 사람들 이름이라 했다. 몽골에서는 말에서 떨어져 죽은 사람은 나쁜 사람, 살아난 사람은 좋은 사람이라는 소리가 내려온단다. 세상 어디든 좋은 사람 되기란 이렇게 힘든 모양이다.

우연히 근처 마을에 왕진 온 의사가 소식을 듣고 찾아왔다. 그는 한눈에 내 상태를 알아봤다. 우리는 보드카를 잔뜩 따라 건배하고 마셨다. 그리고 뼈를 맞췄다. 낯선 타국에서의 부상. 나는 몸이 아팠고 마음이 괴로웠다. 뼈를 맞추고 나자 그 의사는(이른 시간인데도 그는 이미 상당량의 보드카를 마신 상태였다. 우리도 예전에 그랬잖은가. 의사가 시골 마을에 직접 찾아와 진료해주면 먼저 날계란에 소주부터 대접했으니까) 압박붕대로 어깨와 가슴을 좌우 번갈아가며 X자로 동여맸다. 나중에 내가 '마징가제트 브라자'라고 명명한 그 방식은 다음 날 갔던 울란바토르 국립 병원에서도, 한국의 대형 병원에서도 똑같이 재현되었다. 몽골 사람들은 가장 많은 낙마 사고를 겪었고 그 덕에 가장 좋은 치료 방식이 그들에게서 나왔다는 것이다.

그냥 있거나 아니면 지프로 이동하겠다는 내 의견은 묵살되었고 결국 헬기를 불렀다. 몽골에 단 두 대 있다는 헬기 중에 한 대가 온 것이다. 들것에 실려나가자 예의 노시인부터 몽골 일행 모두 내 이마에 손을 대고 주문 같은 것을 중얼거렸다. 입술을 대는 사람도 있고 눈물을 훔치는 사람도 있었다. 진심으로 안타까워하고 있어서 내가 더 미안했다.

그런데 이놈의 헬기가 좀체 뜨지를 않는 것이다. 1시간에 1000달러인가, 2000달러를 주기로 하고 불렀다는데 말이다. 20분이 지나도 그대로 있기에 나는 보호자로 동행한 이에게 왜 이러냐고 물었다. 그는 바깥을 내다보고 나서 이렇게 대답했다.

"다들 사진 촬영하고 있는데."

헬기를 가까이서 본 기념으로 단체 몇 장, 독사진, 2인 1조, 3인 1조, 4인 1조 이렇게 사진 찍느라 그들은 바빴고 그거 모델 해주느라 헬기는 30분 뒤에 떴다. 한국 와서, 회복된 다음에도, 정말 풀리지 않는 궁금증 하나. 도대체 말이 왜 갑자기 그렇게 빨리 달리기 시작했을까. 그 의문은 몇 년 뒤에 풀렸다.

갑자기 달려와 내 옆의 말을 몰았던 통역이 몽골 작가협회 사무실로 찾아와 그때 말에서 떨어진 한국 소설가는 어떻게 됐느냐고 물어왔단다. 다행히 회복되어서 잘 살고 있다고 대답하자 그는 눈물을 흘리며 이실직고했단다. 일부러 그랬다고.

요약하자면 그가 한국어를 배우게 된 것은 아내 때문이었고, 한국에 나가 있던 아내가 그만 한국 남자와 정분이 나서 이별을 통보해왔고, 그래서 한국 남자들에 대한 분노가 솟구쳤고, 며칠 뒤 통역을 해달라는 부탁을 받았으며, 그렇다면 그중 한 놈을 골라 복수를 하겠다고 마음먹었고, 그게 하필 나였고, 기회를 노리다가 내가 올라타는 순간 쫓아와서 내 말고삐를 잡고 인정사정없이 달렸다는 것. 떨어질 때까지.

그 실토가 작가회의 사무실을 통해 이 먼 바닷가까지 전달되었다. 비로소 내가 말에서 떨어진 이유와 과정이 이해되었다. 나는 역으로 메시지를 전했다. '이제라도 알려주어서 고맙다. 이렇게 나를 엿 먹인 것으로 대신 한국 남자들에 대한 마음을 풀어주기 바란다……'

살다 보면 얼굴도 모르는 이들의 연애 때문에 생긴 파란을 이렇게 엉뚱한 놈이 몸으로 때우는 경우도 있다.

나는 대가리가 좋다

언젠가 어느 잡지에서 읽었던 시 하나. 작가가 누구인지(중년 남자로 읽혔다), 제목이 무엇인지도 생각나지 않지만 내용만은 기억한다. 대략 이렇다.

어머니는 생선을 구워줄 때마다 살코기는 자식들에게 주고 자신은 대가리만 드셨다. '어머니, 그러지 말고 같이 이거 드셔요.' 어린 그가 말하면 어머니는 심상하게 대꾸했다. '아니다, 난 이게 더 좋으니 걱정 말고 니들 많이 먹어라.' 살코기를 자식에게 먹이려고 일부러 그러는 것처럼 보여서 마음이 편치 않았다. 성장한 그는 자식들을 낳았고 어머니는 돌아가셨다. 이제 그가 생선을 구워 자식들에게 먹인다. 그 지극한 모성을 떠올리며 자신도 살코기를 아이들에게 발라주고 대가리에 손을 뻗었다. 그러다 느닷없는 발견. 먹어보니 그쪽이 더 맛있는 것 아닌가. 어머니는 짐짓 자식을 위한 척하고는 정말 맛있는 부분을 먹은 것이다. 대가리 먹는 맛에 빠진 그는 이렇게 마지막 행을 정리했다. '오, 어머니.

이 맛있는 것을 혼자 드셨군요. 정말 너무하셨어요.'

 검색을 해도, 동료 시인에게 물어봐도 이 시의 원작자를 찾을 수 없지만 나는 이분에게 한 표 던진다. 맞는 말이니까. 시인의 어머니께서는 (결례를 무릅쓰고 말해보자면) 아닌 보살 하신 것이다. 충분히 이해된다. 생선 대가리는 정말 맛있으니까. 이 시에 맞춰서 발언한다면 모성을 뛰어넘는 맛인 것이다.

 어렸을 때 우리 섬에서는 갈치가 많이 났다. 요즘은 커다란 어선을 몰고 2시간은 가야 낚을 수 있는데 큰 놈은 극히 드물다. 그때는 달랐다. 거문도 말로 정말 '푸졌다'. 우선 섬 근처, 가까운 곳에서 (밝은 집어등이 아니라) 송진으로 만든 홰 하나 켜고 낚았다. 빛을 비추면 그것을 좋아하는 멸치가 모인다. 멸치를 잡아먹기 위해 갈치가 오는 것이다. 갈치뿐인가. 삼치도 오고 방어도 오고 만새기도 오고 심지어 청새치 같은 것도 왔다.

 크기도 남달랐다. 밥 뜸 들일 때 아궁이 잉걸불에 석쇠를 놓고 굽는데 얼마나 컸는지 세 토막이면 꽉 찼다. 왕소금 뿌려 노릇노릇 구워놓은 커다란 갈치 토막. 갈치 살은 등 쪽과 몸통이 반듯하게 떨어지기 때문에 먹기도 편했다.

 하지만 나는 그게 싫었다. 고깃덩어리가 너무 커서 안 내켰던 것이다. 그것을 좋아했던 동생들과 달리 나는 살이 별로 없는 등지느러미 쪽을 택해 가시만 빨아 먹었는데 그때 이미 알아버린 것이다. 뼈에 붙은 작은 살점들이 훨씬 더 고소하다는 것을. 그게 지금까지 이어져 이렇게 대가리 예찬론을 펴고 있다.

모든 생선 대가리가 다 맛있는 것은 아니다. 당장, 조기 대가리부터 제외다. 고양이가 물고 가다가 내려놓고 서운해서 운다는 소리를 듣는 게 그것이니까. 냄새는 죽이는데 살은 하나도 없어서. 조기 대가리 속에는 하얀 돌이 들어 있다. 뇌석이다. 어디선가 듣기로 이걸 갈아서 비염 치료제로 쓴다고 했다. 나도 비염을 앓았을 때 모아보기는 했지만 써보지는 않았다. 요즘 비염 환자들 많으니까 정보 하나 드리자면 도꼬마리가 효과 좋다. 한의에서는 창이자라고 한다. 주변에서 써본 이들이 다 효과 봤다. 복용법까지 말하면 원고 늘리려는 속셈이라고 할 것 같아 안 한다. 인터넷에 나온다.

그리고 멸치, 전갱이, 숭어, 갈치, 학꽁치 같은 물고기도 제외다. 이 애들은 잡아서 손질할 때 아예 떼어내버리기도 한다.

대가리를 먹는다는 것은 그 존재를 정면으로 대하는 것

대가리가 맛있으려면 우선 몸집이 좀 커야 한다. 가장 유명하기로는 참치이다. 하지만 낚기도 쉽지 않은 데다 값이 비싸니 일단 밀어둔다. 흔히 접할 수 있는 것으로는 삼치와 고등어가 있지만 이것도 커야 하고 싱싱해야 한다. 흔히 식당에서 만나는, 오래

냉동된 것이나 크기가 작은 애들로는 원하는 맛이 안 나온다. 그럼 무엇을 먹으란 말이냐. 제대로 맛을 보자면 약간의 수고를 해야 한다.

신선한 도미와 우럭 같은 것에서 제대로 된 맛을 볼 수 있다. 낚시하거나 최소한 수산 시장은 가야 한다는 소리. 내 경우, 도미나 개우럭 대가리 하나면 소주 한 병 마신다. 개우럭은 길이가 50센티미터 이상 되는 것을 이르는 말이다. 내가 낚아본 우럭 중 가장 큰 것은 71센티미터였다(자랑 한번 했다). 먼저 눈알 두 개에 소주 한 잔. 양쪽 볼에 붙은 살점 두고 한 잔. 주둥아리 쭉쭉 빨아 먹으며 한 잔. 귀세미(아가미를 감싸고 있는 부분) 뜯어 먹으며 또 한 잔. 좌우 턱 아래 탄력 좋은 살점으로 두 잔, 두개골 깨서 골을 빨아 먹으며 마지막 한 잔.

좀 엽기적인가? 따져보면 우리가 먹는 모든 음식은 엽기가 기본이다. 입으로 들어오는 대부분이 남의 살이거나 자식이니까. 소, 돼지, 닭과 물고기처럼 조금 전까진 살아 있던 생물체의 살과 뼈가 그렇고 이런저런 곡식, 씨앗과 채소가 그렇다. 심지어 내장탕, 갈비탕, 소머리곰탕같이 남의 장기를 그대로 메뉴로 쓰는 것도 있잖은가.

그다지 드물지 않은 것 중에서 내가 최고로 치는 것은 부시리 대가리이다. 방어 종류로, 방어보다 맛이 뛰어난 생선이다. '히라스'라고도 한다. 히라스와 부시리는 각 지역에서 같은 생선으로, 또는 약간 다른 종류로 혼재되어 쓰인다. 나는 같은 것으로 본다.

부시리의 일본 이름이 히라스라서. 방어 살은 그저 빨갛기만 한데 비해 부시리는 은은한 반투명에 가깝다. 여름부터 가을 사이에 기름기가 빠지며 살의 탄력이 더욱 강해져 그 시절 부시리를 최고로 치지만(기름기가 많아지는 겨울철 것을 더 높이 치는 이도 있다) 1년 내내 수준 높은 맛을 유지한다.

예전에는 종종 낚으러 다녔다. 보통 4~5킬로그램짜리가 많다. 큰 것은 20킬로그램 넘어가는 것도 있고 자료를 찾아보면 100킬로그램까지 육박한다고 한다. 그러니까 죽기 직전까지 계속 크는 물고기이다.

이거 5킬로그램짜리 하나 잡았다 치자. 물론 회다. 그런데 이곳은 섬. 최고급 회보다 돼지족발과 치킨에 눈이 먼저 가는 곳이다. 회를 뜨기는 하지만 다들 몇 점 먹고 만다.

그러면서 서로 눈치를 본다. 대가리를 노리는 것이다. 반으로 벌려서 소금 뿌려 구워놓으면 그때부터 말도 없어진다. 젓가락 앞세워 달려들기 때문에. 회 접시는 저만큼 밀려나 있다. 뼈 사이에 차진 살이 충분하고 쫀득거림이 최상이라 저절로 눈이 감긴다. 몰입이다. 혀 외에 다른 감각기관은 둔해진다. 미각이 최고의 감각이 된다. 시인의 어머니가 그랬던 것처럼.

대가리를 먹는다는 것은 그 존재를 정면으로 대하는 것과 같다. 이거 진지한 문제이다. 우리는 살아남기 위해 다른 생명을 먹어야 하는 종족이라는 것을 스스로 확인하는 지점이니까. 그럴 때마다 나는 이 물고기의 일생이 몸 안으로 고스란히 옮겨온다고 생각하며 우주 안에서의 단백질 순환 구조를 떠올린다. 그것들이 모인 게 현재의 나 자신이다. 괴테도 이렇게 말했다. "돼지고기를 먹으면 그 돼지고기는 괴테가 된다."

나는 그게 예의라고 생각한다. 스테이크 접시에 아스파라거스를 올려놓는 이유와 비슷하다. 아스파라거스는 죽인 소의 명복을 빌기 위한 조화弔花에서 비롯되었다. 그래서 나는 죽였으면 무조건 다 먹자 주의이다. 그래야 다른 것을 덜 먹는다. 때문에 대가리 떼어낸 애들에게는 좀 미안한 마음이다. 살코기만 통째로 빼앗아버린 느낌이 드니까.

육지 음식에는 이런 기분이 안 든다. 치킨에는 닭 대가리가 없다. 소나 돼지도 잘게 해체되어 있다. 다른 목숨을 먹어치운다는 느낌이 안 든다. 그저 공장에서 만들어낸 단백질 덩어리로 여기고 있다는 게 '먹방'을 볼 때마다 드는 생각이다. 요즘은 정신적인 허기의 시대이니 이해 못 할 것은 없다. 그렇지만 텔레비전 채널마다 그것을 부추겨서 먹는 것으로 스트레스를 푸는 단순한 패턴이 과하게 반복되고 그 심리를 이용해 시청률을 확보하고 돈을 번다. "그래도 먹는 것은 기본 시청률이 나옵니다." 예전에 공중파 방송사 PD에게 들은 말이다. 이 말 듣고 슬퍼졌다. 음식을 마구 퍼먹어대는 입, 그것을 클로즈업시키는 카메라. 이건 허기를 빗댄 과식의 모습이다.

진짜 허기는 이런 것이다. 대략 25년쯤 전이다. 〈인간극장〉 또

는 그 비슷한 방송이었을 것이다. 경기도 어름 어느 도시의 산동네에서 자그마한 식당을 하는 중늙은이 아주머니가 있었다. 새벽에 일어나 국과 반찬 준비하고, 손님 맞으며 해가 이울고. 형광등 끄고 잠이 드는 그녀의 일과가 나왔다. 거기까지는 그렇다 친다. 그때는 그런 사람들 많았고 지금도 종종 나오니까.

그 아주머니는 일정 기간이 지나면 하루를 쉬었다. 쉬는 날이면 온갖 반찬과 요리를 바리바리 이고 지고 해서 인근의 작은 고아원으로 갔다. 거기 원장이 친구였다. 그녀는 아이들에게 음식을 먹인 다음 일일이 씻기고 입히고 빗겼다. 구체적인 사연은 정확히 기억나지 않는다. 자신이 그곳 출신이거나 자식들을 먼저 보냈거나 둘 중 하나는 맞을 것이다. 원장 친구와 커피 한잔 마시고 밤늦어 다시 돌아온 산동네 길. 사람 하나 없는 오르막길을 가로등에 의지해 허위허위 올라온 그녀는 닭을 삶았다. 그리고 카메라가 들이대고 있는데도, 불도 제대로 켜지 않고 닭 한 마리를 다 뜯어 먹었다. 먹는 도중에 딱 한마디 했다. "거기 다녀온 날은 배가 너무 허기져." 그게 물리적인 배고픔이겠는가, 영혼을 뒤흔드는 존재의 허기이지. 그때 이런 생각이 들었다. '인류는 허기와 함께 탄생되었다!'

문득 시인 허수경의 글이 떠오른다. 장터 아줌마의 독백이었는데 자신의 신세가 가여워 밤새 울던 그녀는 마지막에 이렇게 말했다.

새북^{새벽}에는 배가 고파 내사 밥 묵고 울었네.

'먹방'에 나오는, 유명하다는 것 닥치는 대로 씹어대는 입에서는 고단한 인생의 상징이 전혀 느껴지지 않는 게 이런 이유일 것이다.

그 직업에 대한 단상

예전 유머 하나. 검사, 기자, 교수, 국회의원이 만나 술을 마시면 술값은 누가 낼까(경우에 따라 경찰이나 교사, 그냥 공무원을 넣어도 된다). 누구를 거론하더라도 정답은 '지나가는 시민이 낸다'이다. 그동안 이 이야기를 종종 했는데 그럴 때마다 많은 사람들이 격하게 동의했다. 그들의 유흥비라는 게, 뇌물로 받은 뒤가 구린 돈이거나 도중에 착복한 것일 가능성이 높기도 하거니와 아무리 먹고 마셔도 계산은 절대 하지 않는 모습을 자주 봤거나 소문을 들었기 때문이다. 그들은 늘 대접받으며 떵떵거리는 역할을 해왔기에 그 직업군에 대한 반감이 많을 수밖에 없다. 연봉이 많은데도 그렇지 않은 이들이 술을 사줘야 하는 상황, 이것도 승자독식이다. 그러니 이거, 단순한 유머겠는가(김영란법 이후 상황이 좀 바뀌려나?).

특이한 것은 이렇게 여차하면 그 직업들에 대해 일상적으로, 때론 열을 내서 욕을 하지만 동시에 가족 중 한 명이라도 그 안에 들어가기를 강렬하게 희망하는, 참으로 이율배반의 대상이라는 것이다. '도대체 얼마를 해먹은 거야'와 '못 해먹은 놈이 바보 아냐'의 이중적인 잣대 말이다.

그도 그럴 것이, 우리 대부분은 장관이나 검사, 판사, 교수, 국회의원 같은 고위직을 목표로 했다가(어렸을 때 친구들 상당수가 장래희망 칸에 '대통령'이라고 썼다) 언제 그랬느냐는 듯 잊어버리고 기자나 교사, 대기업 직원 같은 그럴싸한 직업을 얻기 위해 용을 썼으며 그러다 슬그머니 지나가는 행인 1, 2, 3으로 전락해가는 과정을 겪어왔다. 지금 이 시간에도 수많은 젊은이들이 노량진 고시원 쪽방에서 공무원 시험 준비를 하고 있으니까. 하다못해 '어떻게 집구석에 검찰, 경찰은 고사하고 방범대원 하나 없는가' 탄식했던 기억도 한 번쯤은 있으실 것이다.

이런 식으로 그 직업들 건드는 발언을 하자면 '극히 일부지만' 소리를 하는 게 보편적인 어법이다. 그런데 이 말 하는 게 별로 안 내킨다. 극히 일부, 라는 표현이 맞기는 하다. 요즘은 그 직업군에서 공정하고 정직한 사람 한 명 나오면 곧바로 뉴스가 되는 시대니까.

물론 다 그런 것은 아니다(결국 하게 된다). 이 발언을 듣고 자신은 절대 아니라고 항거한 사람이 ㅅ일보의 ㅈ기자이다. 당연히 그는 아니었다. 그는 기자 중에서도 문학 담당인 데다가 소설가이기도 하니까. 그래서 하는 말인데 시인, 소설가들이 술을 마시면 서로 내려고 안달을 낸다. 몇 푼 벌지도 못하는 처지에 말이다.

인심은 가난한 자들이 더 있다고 볼 수도 있지만 무엇보다 상대의 어려운 처지를 잘 알고 그것을 마음에 걸려 하기 때문이다. 우리끼리 술 마시면 이런 말 꼭 나온다. "니가 뭔 돈 있다고."

이를테면 지리산에 사는 박남준 시인의 전 재산은 300만 원이다. 그것을 관값(자기가 죽으면 써야 할 돈)이라고 부르고 그 액수가 넘어가면 겁이 나서 이곳저곳에 기부를 한다. 그런 가난뱅이 주제에 원고료 몇 푼 생기면 얼른 쫓아가 술값을 내곤 한다. 덕분에 우리는 다른 곳에서 한잔 더 하거나 집에 딸기를 사가지고 들어갈 수 있는 여유가 생긴다.

내가 보기에 부자의 특징은 두 가지다. 첫째는 기회만 되면 자신에게 돈이 많다는 것을 강조하고, 둘째는 그 돈을 절대 쓰지 않는다는 것이다. 그래서 부자랑 연애하고 싶어 하는 이에게 나는 이렇게 충고한다. "부자랑 연애하지 말고 부자인 척하는 사람과 연애를 해라."

이 이야기를 꺼낸 이유는 일전에 영화를 한 편 봤기 때문이다. 〈내부자들: 디 오리지널〉. 육지 나갔다가 시간이 좀 남은 데다 '한번은 봐야 하지 않을까' 하는 마음이 들었던 것이다. 러닝타임이 3시간이나 되었지만 뒷부분에 만화 냄새가 좀 난 것 외에는 그다지 지루한 줄 몰랐다. 그리고 정말 연기들 잘하는구나, 새삼 느꼈다.

백윤식 씨는 드라마 〈파랑새는 있다〉에서 백 관장으로 나올 때부터 좋아했던 배우이고(당시 서울 가면 사람들이 극 중 캐릭터인 '절봉이' 사투리를 흉내 내곤 했다. 내가 오리지널로 가르쳐주었다) 이경영 씨도 일찌감치 실력을 인정받은 배우이다. 조승우 씨와 이병헌 씨가 유명 배우라는 것은 알았지만 정말 연기를 실감 나게 하는 데다 매력이 넘쳐서 사람들이 좋아할 만하구나, 감탄했다. 감독이 영화에 공을 들였다는 것도 한눈에 들어왔다.

그런데 정작 〈내부자들〉의 내용에 대해서는 별로 할 말이 없다. 정확히 말하자면 화가 나지 않는 것이나. 왜일까. 극장을 나오면서 줄곧 이런 생각이 들었다. 이 영화를 보고 나서 '아니, 우리나라 기득권층이, 이른바 사회 지도층이 이렇게까지 타락했다는 말인가?' 하고 놀랄 사람이 있을까. 초딩이나 중딩이면 놀랄까? 아주 순진한 고딩 정도면? 그런데 청소년 관람 불가라 그들은 볼 수가 없다.

다시 유머로 돌아간다.

영화에 네 가지 직업이 다 나왔다. 검사가 나오고 논설위원과 기자가 나오고 국회의원도 나왔다. 조승우 씨가 선생님이라고 불렀던 야당 국회의원이 교수였다는 설정이니까 교수도 나왔다. 깡패가 덧붙여진 것뿐이다(참고로, 앞선 유머는 20년 전에 들은 것이다).

나는 원작 웹툰을 보지 않았다. 내용을 몰랐다는 소리다. 물론 영화 소개나 들리는 소문에 의해 지도층(봉건시대 냄새가 풀풀 풍기는 이놈의 지도층이라는 단어는 누가 만들었고 언제까지 쓰게 될까. 도대체 누가 누구를 '지도'한다는 말인가. 정작 그들이야말로 주기적으로 지도와 교육을 받아야 하지 않을까) 인사들의

비열한 음모와 추악한 뒷모습을 까발린다는 것 정도는 짐작하고 있었다. 실제 내용도 그랬다.

근데 뭐, 그래서 뭐. 다 그럴 거라고 짐작하고 있는 것 아닌가. 이런 행태와 관련된 뉴스가 쉬지 않고 나오니까. 자신의 이익을 위해 인맥, 학맥으로 얽힌 이들이 돈과 성 접대를 매개로 골방에서 짝짜꿍. 냄새는 분명 나지만 속속들이 다 알기는 어려운, 기자나 검사, 국회의원, 재벌, 그 외에 방귀깨나 뀐다는 이들이 숨기고 싶어 하는 엄청난 사실들. 그 비밀의 보물 창고들.

약한 사람들을 상대하는 자들에게 필요한 것

《삼국지》를 제대로 영화로 만들면 3일 동안 봐야 한다고 한다. 우리나라 기득권층의 비리를 가지고 영화를 만들면 1년 내내 봐야 할지도 모른다. 그 1년 동안 비리가 또 생기니 다음 해도 계속 봐야 할 것이다. 영화 마지막 자막처럼, 그런 사람들이 '우연히도' 아주 많으니까. 그리고 백윤식 씨 멘트처럼 우린 또 금방 잊어버리고 말 테니까.

사실 그런 멘트조차 생명력이 없어 보였다는 게 내 솔직한 심정이다. 이 정도로 정의로운 결과를 만들어내고 공개적으로 내뱉었으니 이젠 잘되겠지, 라는 생각 정말 들지 않는다. 땅 투기로 돈 번 부자들이 올바르게 살자는 플래카드 내거는 것과 마찬가지니까.

이 직업군이 청렴하고 양심적이면 곧바로 좋은 나라가 된다. 그것도 다 알고 있다. 그러면서도 안 한다. 지금 내 발언도 생명력이 없는 것은 똑같다. 고백하자면 나도 사회 구성원의 소양과 덕목에 대해 칼럼 하나 쓰고 나면 뭔가 해놓은 것 같아 유야무야 넘어가버리곤 한다.

슈퍼마켓이나 주유소, 호프집 사장님들보다 이 직업군이 더 공정하고 조심스러워야 하는 이유가 이관식 강남세브란스병원 내과장의 수필 〈진료 끝난 후에 보죠〉에 나와 있다. 대략 다음과 같은 내용이다.

병원으로 실습 나온 제자들에게 그가 묻는다.

"의사가 존경받는 직업 같아?"

"아니요."

"왜일까? 일 자체가 남을 위한 직업인데?"

"일은 그런데요, 이기적이고 건방지고 밥그릇 싸움이나 하고……."

"그렇지? 또 너무 사무적이고 권위적이어서 그렇지 않을까? 지금까지 나는 환자를 사람이 아니라 병명으로만 봐왔어. 인격체로 보지 않았던 거지. 그들도 한 가족 내에서 서로 사랑하는 부모와 자녀, 남편과 아내잖아. 인간적으로 따뜻하게 보려고 노력한 게 얼마 되지 않아. 부끄러운 일이지. 그동안 너무 높아져 있었나 봐. 진료를 하다 보면 실제로 해줄 수 있는 게 많지 않은데 말이야."

뒤이어 결정적인 질문이 이어진다.

"의사, 판사, 검사, 교수, 선생, 공무원 등의 공통점은 뭘까?"

"사람을 상대하는 직업 아닌가요?"

"그래. 그런데 특히 상대적으로 약한 사람들을 접하기 때문에 우월직 지위에 있는 직업들이야. 그래서 스스로 인식하고 있지 않으면, 자신도 모르는 사이에 겸손치 못하고 오만해질 수밖에 없는 고약한 속성을 갖고 있지. 의사는 특히 더 그래. 몸과 마음이 다 약한 사람들을 상대하잖아."

자신보다 상대적으로 약한 사람을 계속 만나게 되는 직업. 그렇지 않은가. 의사는 아프다고 호소하는 환자를, 경찰은 죄짓고 잡혀온 범인을, 판사와 검사는 재판받고 있는 사람을, 교수는 학점과 취직에 목말라하는 젊은이를, 교사는 어린아이들을 날마다 만나고 상대하니까. 국회의원 앞에는 급한 민원을 들고 머리 조아리는 사람이 있기 마련이고(비록 선거 전에는 국회의원이 그들에게 머리 조아렸지만) 기자는 기사 한 꼭지로 사람 하나쯤 우습게 나쁜 놈 만들어버릴 수 있으니까('쓰레기 만두'라는 표현 하나로 해당 회사를 '아작' 내버린, 대표가 결국 자살까지 한 사건을 기억하실 것이다). 그러니까 마음만 먹으면 상대의 인생 자체를 뒤엎어버릴 수 있는 능력을 공통분모로 가지고 있는 것이다.

그리고 여기에 하나가 더 추가된다. 바로 연약한 자식들을 대하는 부모. 학대에 이어 살인까지 가는, 그들의 말도 안 되는 폭력에 대해서는 한참 시끄러웠으니 따로 말할 필요 없을 것이다. 그러니 약한 자들을 상대하는 이들에게 양심과 도덕성을 분명하게 요구할 수밖에 없다.

그 사람

살다 보면 그 사람은 지금쯤 무엇을 하고 있을까, 어떻게 되었을까, 문득 생각나는 경우가 있다. 오래전에 사둔 파스를 찾으려다 우연히 발견한 묵은 사진을 들여다보며 기억의 터널 속으로 빨려드는 것과 같은 상황 말이다. 어제가 딱 그랬다.

바닷가에 앉아 있는데 북서풍이 잦아들면서 남풍이 불기 시작했다. 습기가 밀려오자 저 멀리 보이던 섬이 조금씩 시야에서 사라졌다. 그러자 그동안 못 봤던 것들이 빈곳을 채워버린 것이다. 기억이자 추억의 엄습이었다.

그 엄습은 새벽 어장 나갔던 배가 줄지어 돌아오듯, 그 배에서 생긴 물보라가 내 발밑까지 밀려오듯 그들의 안부와 근황을 떠올리게 했다. 그래서 나는 방으로 들어와 떠오르는 사람을 호명하듯 한 명씩 적어보았다. 이렇게.

함박눈 속으로 사라진 여자.

21살 되던 겨울, 나는 포장마차를 하고 있었다. 함박눈이 푹푹 내리던 날 여자 혼자 들어왔다. 화려하고 세련된 외모였다. 그녀는 가장 비싼 안주를 세 개나 시켜놓고 술을 마셨으며 내게 따라 주기도 했다. 그리고 어떤 사람과 데이트를 하다가 다퉜는데 그냥 돌아가기 아쉬워서 들어왔노라고 자신을 소개했다. 술도 잘 마셨다. 그녀가 함께 눈길을 걷자고 해서 우리는 사태 난 듯 쏟아지는 눈을 맞으며 연인처럼 걸었다. 10분 정도 뒤 그녀가 공중화장실로 오줌을 누러 갔고 나는 기다렸다. 머리에 얼음이 생길 때까지 기다렸으나 돌아오지 않았다. 계산도 안 했는데 말이다. 너무 많이 마셔서 30년 넘게 오줌을 누는 중일 수도 있다.

해태 타이거즈 투수 방수원.

프로야구 원년 개막전의 선발 패전투수. 그해 6승. 주로 중간계투 또는 패전 처리. 그러나 1984년 5월 5일 삼미전에서 KBO 리그 사상 첫 노히트 노런을 달성한 사나이(아이러니하게도 그 경기가 그해 유일한 승리). 통산 기록 18승 29패 18세이브에 평균자책 3.75. 어릴 때 잃어버린 동생을 야구장에서 찾았으며 그의 이름은 원래 그 동생 것이었다, 가 그와 관련된 자료들이다. 아주 깡마른 체격으로 주로 변화구를 던졌다. 어떤 이들은 그의 투구를 보며 직구를 던져도 힘이 약해 중간에 변화구로 바뀐다고 말하곤 했다. 하지만 내가 그를 기억하는 것은 그런 것 때문이 아니다. 그와 관련하여 이런 이야기를 들은 적이 있다. 1980년 광주. 계엄군이 지나가는 학생, 시민을 마구잡이로 붙잡아 패고 차고 찌르던 시절. 그는 총칼을 든 군인들에게 맨몸으로 덤벼들어 격투 끝에 시민, 학생을 구출해냈다. 여러 차례 그랬다고 들었다. 그게 얼마나 용기 있는 행동이었는지는, 당시 나도 광주에 있었기에 잘 알고 있다.

찬이 형.

20대 초반, 나는 첫 번째로 세상을 떠돌았다. '이 땅이 좁다고 느끼던 시절, 방랑자처럼 나는 떠돌았네.' 정태춘의 〈애기 2〉 노래 가사처럼 이 마을 저 마을 떠돌면서 일손이 필요한 곳에서 일을 해주고 밥을 얻어먹고 기숙을 했다. 그러던 어느 날, 아는 사람 집 하숙생이던 찬이 형 방에 끼어들어 자게 되었다. 당시 28살로 뒤늦게 지방 국립대에 입학하여 다니고 있던 그는 부드러우면서도 굳건한 이미지였는데 집안 사정 때문에 과 수석을 유지하고 있었다. 그리고 대단한 술꾼이었다. 공부를 하다가 벽장에서 소주를 꺼내 한 잔씩 마시고 다시 책을 봤다. 몇 잔 더 마시고 자리에 누워서도 단어장을 들고 암기를 했다. 그리고 잠이 들었는데 단어장은 그대로 들고 있었다. 허공에 있던 손이 가슴까지 내려오는 데 한참 걸렸다. 술과 공부가 어떻게 만나는지, 나는 그를 보고 알게 되었다.

중앙고속 안내원.

20대 중반 겨울. 나는 광주에서 대전을 가야 했다. 그런데 주머니에 돈이 없었다. 터미널에서 서성이며 밤을 새운 다음 새벽에 일반고속을 탔다. 그때는 일반고속이라는 게 있었다. 간이 승차장마다 들르는, 이를테면 고속도로를 달리는 완행버스였다. 나는 첫 번째 간이 승차장까지만 가는 티켓을 끊었고 흔히 안내양이라고 부르던 아가씨에게 사정을 이야기했다. 그녀는 내 몰골을 보더니 고개를 끄덕이며 눈감아주었다. 밤 내내 떨었기에 버스 의자가 얼마나 따스하고 편안한지, 몸이 다 떨릴 지경이었다. 설핏 잠이 들었는데 휴게소에서 그녀가 오뎅과 김밥을 내게 주었다. 사양을 하자 자기가 직접 돈 주고 산 것은 아니니 부담 갖지 말라고 했다. 내내 굶었던 배도 덕분에 허기가 가셨다.

대전이 가까워지자 혹시 다른 도시로 더 가야 할 계획이 있으면 이야기하라고 말을 걸어왔다. 나는 괜찮다며 고맙다는 인사만 하고 내렸다. 나 같은 동생이 있었는지, 그녀는 멀어지는 내 모습을 측은해하는 얼굴로 한동안 더 바라보았다. 내가 중간에 돌아봐서 알게 된 것이다.

어떤 여고생.

고3 겨울. 대학 진학도 포기하고 암울한 마음으로 겨울 찬바람 속을 걸어 다니던 날이었다. 무심코 나와 마주친 여학생이 있었다. 우리는 동시에 윙크를 했다. 그리고 각자 길을 갔다.

할머니.

2015년 4월에 돌아가셨다. 무덤이 생겼다. 사람의 부재보단 무덤이라는 사물이 죽음을 선언하고 확인하게 해준다. 그 몇 뼘의 봉분이 삶과 죽음을 분명하게 갈라놓는다. 강고한 벽이다. 그래서 살아생전에는 다들 다른 모습이지만 죽으면 같은 모습이 된다. 무덤 덕에 사람은 사람을 완벽하게 보낼 수 있다.

그런데 할머니는 아니다. 여러 해 전 할머니는 "요즘은 꿈에 죽은 사람들이 자주 보여야. 근데 괴롭지는 않더라"고 하신 적이 있다. 나는 근래 들어 할머니의 무덤 외형이 아닌, 그 속의 모습이 자꾸 보이는 듯하다. 미라처럼 말라가는 모습이 수시로 그려진다. 나도 그게 괴롭지는 않다.

서점 주인.

1987년 6월 항쟁 때였다. 나는 같은 과 애들을 막걸리 사주겠다고 꼬여서 데모하러 나가곤 했다. 다들 누군가 먼저 시작해주기를 기다리고 있는 상황이라 한번은 나와 내 막걸리파들이 가장 먼저 구호를 외치며 치고 나가게 됐다. 사과탄 예닐곱 발이 동시에 내 주변에서 터졌다. 나는 피를 흘리며 백골단에게 쫓겼다. 발을 다친 상태로 200미터 정도 뛰어가다가 잡히기 직전, 어떤 서점으로 미끄러져 들어갔다. 주인은 곧바로 셔터를 내리고 문을 잠갔다. 그가 아니었으면 나는 어쩌면 열사가 되어 있을지도 모른다.

울란바토르 신시가지에서 물건 팔던 영감과 어린 딸.

앞서 말에서 떨어졌다고 했던 그 시절이다. 일행이 번화가 백화점엘 갔다 나오는데 길가에서 늙수그레한 영감이(거기 사람들은 자외선을 워낙 많이 받아서 실제 나이보다 더 들어 보인다) 신문지 위에 조악한 물건을 몇 개 올려놓고 있었다. 시장에서 떼다가 팔아보자고 마음먹었을 것으로 보였다.

건물 경호원으로 보이는 사내들이 와서 그를 쫓아냈다 가방을 꾸린 사내는 낙담한 표정으로 걸어갔다. 초등학교 6학년 정도로 보이는 딸이 아빠 손을 잡고 올려다보며 연신 뭐라고 말을 했다. '아빠, 슬퍼하지 마. 다른 데 가서 팔면 되잖아, 응?' 이런 뜻이었을 것이다. 그런 모습은 언어를 몰라도 표정과 행동에서 그대로 읽히니까. 초라해져버린 유목민의 후예와 착한 딸. 조금 일찍 나와서 무어라도 하나 사주지 못한 나 자신을 오랫동안 자책했다.

저 먼 기억 속의 소녀.

오래전 우리 섬마을에 한 소녀가 있었다. 얼굴도 예쁘고 심성도 고왔는데 다리가 불편하여 잘 걷지를 못했다. 친구들이 중학교 졸업할 때까지 번갈아 업고 학교엘 다녔다. 그녀가 맞은편 섬 등대에 가고 싶어 하면 감자와 오꼬시(강정) 따위를 싸가지고 업고 다녀오기도 했다. 중학교 졸업하고 친구들은 육지로 나갔고 그녀만 남았다. 날마다 바다를 바라보고 비가 오면 비를 바라보고 해가 지면 노을을 바라보았다.

유일한 취미가 음악 듣는 거였다. 친구들이 가요나 팝송 테이프를 사서 편지와 함께 선물로 보내왔다. 여름방학이 되어 친구들이 일제히 돌아오자(그때도 다들 테이프를 사 왔다) 비로소 행복한 모습으로 돌아갔다. 그런데 비바람이 치던 밤이 지나고 아침이 되었을 때 그녀는 바닷가에서 싸늘하게 식은 상태로 발견되었다. 왜 그렇게 됐는지는 아무도 몰랐다.

20살도 안 됐고 결혼도 안 했으니 어른들은 곧바로 애장터에 묻으려고 했다. 이번에도 친구들이 들고일어났다. 이렇게 허무하게 보낼 수는 없으니 장례를 치러달라고 호소했고 어른들은 거절했다. 끝내 의견 통일이 되지 않자 아이들은 스스로 하겠다고 고집을 부렸다. 마을회관이(그때는 '동각'이라고 불렀다) 분향소가 되었다. 사흘간 분향을 하고 소녀를 추억하며 상여에 쓸 종이꽃을 만들었다.

출상 시간이 되자 친구들은 깨달았다. 상여 앞소리를 메길 사람이 없다는 것을. 그런 것은 늘 전담하는 어른이 있었으니까. 뒤늦게 어른들에게 부탁할 수도 없는 노릇. 연습을 해보는데 잘될 리가 없었다. 그때 친구 한 명이 이렇게 말한다.

"내 생각에는 애가 좋아하는 음악을 틀어주면서 나가면 좋을 것 같은데."

다들 동의했다. 그 덕에 그동안 한 번도 시도되지 않았던, 기상천외한 장면이 연출됐다. 상여 맨 앞에 커다란 카세트가 흰 광목천으로 묶인 것이다. 그렇게 상여는 그녀가 평소 듣던 팝송을 틀고 장지로 향했다.

　나는 이 사연이 너무 가슴 아픈 데다 그 친구들의 우정이 감동스러워 잊지를 못했다. 훗날, 소설로 쓰고 영상으로도 만들어놓고 싶어서 시나리오까지 썼다. 그 소녀가 계속 '내 이야기를 완성시켜줘' 하고 말을 거는 것 같았기 때문이다. 우여곡절 끝에 영화가 만들어졌다.

　'이렇게 예쁘고 근사한 배우들이 당신과 친구들 모습을 재현하고 있어요. 혹시 보고 있나요?'

　영화를 보면서 나는 하늘에 있을 소녀에게 말을 걸었다. 눈물이 났다.

북서풍 붑니다. 소주 마십니다

 이번 겨울도 시베리아 대륙에서 태평양으로 가는, 얼음장 같은 북서 계절풍이 자주 불었다. 이것처럼 사람을 괴롭히는 바람도 없어 갈수록 겨울나기가 여의치 않다. 이것에 시달리다 보니 봄가을의 부드러운 산들바람 외에는 모든 바람이 다 싫을 지경이다.
 몇 년 전 겨울을 피해 서울에 있는 창작촌으로 간 적이 있다. 이상해하실 것이다. 아니, 그 섬은 남쪽 아닌가? 서울보다 훨씬 따뜻할 텐데……. 맞는 말씀이다. 문제는 바람이다. 이곳은 웬만하면 영하권으로 떨어지지 않아 바람만 불지 않으면 여느 초봄 날씨가 된다. 그렇지만 이 계절풍만 불어오면 확 바뀐다. 춥고 삭막하고 괴로워진다. 그래서 육지에서 시집온 여자들이 가장 견디기 힘들어하는 시기도 겨울이다.
 한 여인네가 말했다.
 "겨울이 되면 자꾸 육지 나가는 여객선이 쳐다봐져요."
 그녀는 내륙 출신이다. 이곳 남자와 결혼해 섬으로 들어온 지

한참이다. 이 바람은 이렇게 오래된 사랑마저 흔들어버린다.

그때 서울에서 겨울을 나며 낯선 체험을 했다. 이를테면 영하 10도라 사람들은 추워하는데 나는 괜찮았다. 그런데 온도가 그다지 낮지 않은 날, 나 혼자 추워 벌벌 떨었다. 몇 번 그러고 나서야 유난히 추위에 힘들어하는 날들의 공통점을 찾아냈다. 북서풍이 불었던 것이다. 섬에서 오래 살다 보니 몸이 바람에 민감해진 것.

가로등 불빛만 아르르 떨고 있는 황량한 골목. 그 골목을 파고들어 이곳에 있는 비닐봉지를 저곳으로 밀고 가는 바람, 차갑기 그지없는 바람들. 그러면 나는 목도리로 머리를 칭칭 감는 것도 모자라 한 줌의 영혼마저 저 깊숙한 곳에 쑤셔 넣고 그저 그 길을 걸어가는 단순한 생물체가 되어버린다. 섬은 사람을 그렇게 만들어버린다. 바람에 대한 촉만 커져버린다. 더듬이가 있다면 오로지 바람을 읽어내는 데만 쓰인다고 할까.

'겨울 나그네'는 그나마 낫다. 어딘가에, 따스한 수프를 끓이고 있는 마음씨 착한 사람의 집이 있기 마련이니까. 하지만 나는 아니다. 바닷가 내 거처는 늘 차갑게 식어 있다. 내가 들어가면 집이 되레 내 체온을 탐하고 든다.

그러면 전기장판을 켜고(바닥에 전기 패널이 깔려 있는데 전기 요금이 많이 나와 켤 엄두도 못 낸다) 소주를 마신다. 일전에 낸 《내 술상 위의 자산어보》는 항해와 바다와 술 이야기가 대부분인데 그중에 사람들이 가장 좋아하는 부분이 있다. 잠깐 인용해보면 이렇다(어선이 배경이다).

일하다가 배고픕니다. 소주 마십니다. 외롭습니다. 소주 마십니다. 힘듭니다. 소주 마십니다. 일이 남았는데 잠 쏟아집니다. 소주 마십니다. 다칩니다. 소주로 씻어내고 소주 마십니다. 선장이 지랄합니다. 소주 마십니다. 선장 저도 마십니다. 동료와 시비 붙습니다. 소주 마시면서 화해합니다. 그러다 다시 싸우고 또 소주 마십니다. 여자 생각 간절합니다. 소주 마십니다. 고기가 잘 잡힙니다. 소주 마십니다. 고기가 안 잡힙니다. 소주 마십니다. 항구로 돌아옵니다. 소주 마십니다.

외로운 항해, 고단한 작업, 좁아터진 선실에서 생기는 모든 문제의 유일한 해결책이 한마디로 소주라는 소리다. 이곳 겨울 바다의 섬도 그렇다. 그저 술이다.

'북서풍 붑니다. 소주 마십니다. 파도가 하얗게 솟구칩니다. 소주 마십니다. 손발이 얼어갑니다. 소주 마십니다. 입김이 담배 연기처럼 나옵니다. 소주 마십니다.' 뭐 이런 식이다. 마치 아직도 어선에 타고 있는 것처럼 말이다. 그래서 바람에 들창 흔들리는 소리를 배경으로 소주병을 꺼낸다.

얼른 몇 잔 마셔 외롭고 추운 몸을 덜 춥고 덜 외로운 에틸알코올의 세계 속으로 보내는 것이다. 조금은 비장하고 우울한 미학이다. 그러고 나면 지나가는 바람 소리가 시간이 지나가는 소리로 들린다. 나는 혼자서 말한다. '지금 겨울이 지나가는 중이다.'

좀 진부한 표현이지만 겨울 바다는 존재에 대해 끙끙 앓는 시공간이다. 그거 외에는 니미럴, 다른 건 없다.

이런 식으로 술 덕을 많이 봤다. 이게 없다면 적막이 훨씬 더 크고 깊어질 테니까. 술은 거기서 잠시 벗어날 수 있는 가장 값싼 방식이다. 참 오래도 마셨다. 살면서 가장 성실하게 해온 행위다. 그러다 보니 몸도 상했다. 예전에는 독주를 좋아했다. 그러나 양주나 안동소주 같은 독주는 비싸다. 가난한 술꾼이 그런 술을 마실 확률은 극히 낮다. 그래서 오랫동안 가까이했던 독주가 '캡○큐'이다. 거 있잖은가, 애꾸눈 선장 캐릭터가 나왔던 럼주. 기타 제재주에 속했던.

조용한 긴장감, 쓸쓸함의 미학

그러고 보니 떠오르는 에피소드가 있다. 여러 해 전 어떤 읍 골목을 지날 때 낡은 가게의 높은 선반, 간장과 세제가 놓여 있는 곳에서 어떤 병 하나를 문득 발견했다. 아랫부분이 둥글넓적하고 주둥이는 뾰족한 캡 거시기 큐, 그 술이었다. 그 술병 중에서도 가장 큰 것. 인기척을 내자 주인 영감님이 꾸물꾸물 걸어 나와 뭘 찾느냐고 물었다.

"저거 주세요."

그는 내가 가리키는 것을 얼른 알아차리지 못하다가 의자를 놓고 올라서서 단 한 병 있는 그것을 내렸다. 먼지가 잔뜩 묻은 거로 봐서 그 자리에서 최소 10년은 지났으리라. "이걸 달라는 말이여?" 그는 그게 그곳에 있었는지도 몰랐다는 표정으로 되물어왔다. 나는 그렇다고 대답하며 얼마냐고 물었다. 잉감님은 얼른 대답하지 못했다. 그리고 대한민국 남자들이 으레 하는 방법을 썼다.

"어이, 이리 좀 나와봐."

뒤이어 할머니가 남편과 비슷한 속도로 걸어 나왔다.

"이거 얼마여?"

이럴 땐 여자들의 판단과 결단이 빠르다. 아주 짧은 순간 멈칫하던 그녀는 단호하게 내뱉었다.

"만 원."

나는 웃으며 만 원짜리를 꺼냈다. 내 기억에 그 술은 6000원 정도였다. 그러나 그게 문젠가, 세월의 가치가 있는데. 진짜 문제는 그다음. 주인 입장에서 먼지를 잔뜩 뒤집어쓴 제품을 내놓을 수 없는 일. 할머니는 주변에 떨어져 있던 신문지로 병을 문지르기 시작했다. 그러나 전혀 닦이지 않자 당황하며 방에서 마른걸레를 꺼내와 재차 문질렀는데 안타깝게도 별 소용이 없었다. 그녀는 어쭈, 이것 봐라, 하는 표정으로 물을 묻혀서 박박 닦아냈다. 비로소 술병은 유리 색깔을 드러내기 시작했다. 그렇게 제 모습을 그럭저럭 회복하는 데 제법 시간이 걸렸다. 내가 계속 웃자 그녀는

멋쩍은 얼굴로 이렇게 말했다.

"술도 이 정도 오래되면 약으로 쓰니께."

이틀 뒤 마개를 따고 몇 모금 마셨는데 옛 맛도 아니 나는 데다 약이 되는 것 같지도 않았다.

술이 도움이 되기는 하지만 그렇다고 밤마다 내내 마실 수는 없다. 종종 텔레비전도 켠다. 드라마나 시끄러운 예능은 물론 영화도 그다지 즐기지 않으니 내가 주로 켜는 채널은 다큐멘터리다. 그리고 또 하나가 바둑(대한민국은 자유국가다. 여러 소주 중에 한 가지를 선택할 수 있고 텔레비전 채널도 마음대로 고를 수 있으니까. 가련하게도, 멍청하게도)이다.

혼자나 단둘이 사는 노인들이 늘 텔레비전을 켜놓고, 심지어 잠이 들어도 끄지 않는 이유는 적막을 무서워하기 때문이다. 누군가 적당히 말을 걸어와주기를 바라기 때문이다. 난 아직 노인은 아니지만 바닷가에서 혼자 오랫동안 살다 보니 그런 모습이 나온다.

의외의 사실은 내가 바둑을 전혀 둘지 모른다는 것이다. 배우고 싶은 마음도 별로 없다. 그런데도 그 채널을 켜놓는 이유는 두 사람이 경기를 하는 중인데도 조용한 게 마음에 들기 때문이다. 축구보다 야구를 좋아하는 것도 이 이유다. 인플레이 상태인데 전 선수가 정지 상태인 때가 있으니까. 그 조용한 긴장감 말이다.

얼마 전 이세돌과 인공지능 알파고가 붙었다. 이세돌이 완승하면 사람들이 바둑으로 몰릴 것이고 지면 인공지능 쪽으로 몰릴 것으로 나는 예감했다. 1 대 4, 패배. 아날로그가 디지털에게 자꾸 파괴당하고 있는 것 같아 마음이 좋지 않았고 쇠락해가던 바둑 학원 원장들이 반짝 희망을 가졌다가 시르죽어가는 모습도 그려졌다. 곧바로 2025년까지 인공지능 시장이 2000조 원이 될 거라는 뉴스가 나왔다. 대략 800만 명 정도가 직업을 잃을 것이라는 전망도 함께.

하지만 이세돌의 노력과 집중력, 인간적인 면모가 돋보인 것은 다행이었다. '기계의 능력'과 함께 '인간의 멋과 맛'도 부각되었으니까 최후의 방어는 한 셈이랄까. 그러니 바둑 학원이 곧바로 망할 것 같지는 않다. 해설을 하던 어떤 프로 기사도 이렇게 말했다.

"바둑을 하면 공부를 잘하게 되는데 머리가 좋아진다기보다는 다른 이유가 있다. 바둑은 답이 없는데 그에 비해 단어 외우는 게 너무 쉽기 때문이다."

하지만 학습이 강화된 알파고들이 나와서 세계적인 선수들을 모조리 깨버릴 때가 올 것이다. 그럴 가능성이 충분히 보였다. 그러면 부모들은 바둑 학원에서 아이를 빼 와 인공지능 관련 학원으로 데리고 갈 것이다. 마치 낚시꾼이 대물 참돔을 낚았는데 사람들이 참돔은 보지도 않고 새 낚싯대의 고강도 소재에 대해서만 관심을 갖는 것처럼.

아무튼 나는 휘몰아치는 북서풍 소리를 들으며, 소주를 마시며, 시인 백석의 시 〈흰 바람벽이 있어〉의 한 구절을 읊조린다.

하늘이 이 세상을 내일 적에 그가 가장 귀해하고 사랑하는 것들은 모두
가난하고 외롭고 높고 쓸쓸하니 그리고 언제나 넘치는 사랑과 슬픔 속에 살도록 만드신 것이다

그 어떤 인공지능이 나오더라도 이 쓸쓸함의 미학만큼은 사람처럼 하지 못할 것이라고 혼자서 중얼거렸다. 그러다 갑자기 떠오른 걱정 하나.
훗날 인공지능이 이곳 면장으로 부임하여 나에게 '이따위 짓은 아무 효능이 없기에 앞으로 금지한다'고 하면 어떡하지?

모월 모일 모시 저 혼자 삽니다!

지난 주말에도 결혼식 참석한 분들 많으실 것이다. 친구, 일가 친척, 직장 동료, 거래하는 회사 직원에 우연히 알게 된 사람들까지 챙겨야 할 사람은 늘 넘쳐나니까. 어떤 사람이 말하기를, 봄에는 여자들이 시집을 많이 가고 가을에는 남자들이 장가를 많이 간다나?

결혼식에 가면 축의금을 낸다. 요즘 얼마들 내실까. 오랫동안 만 원을 유지하던 축의금은 2만 원, 3만 원 시대를 잠깐 유지하다가 지금은 5만 원이 보편적인 액수가 되어 있다. 다들 그렇게 하는 데다 나도 마찬가지다. 성의를 보여줘야 할 대상에게는 10만 원. 그렇다면 훗날 10만 원, 15만 원 이렇게 올라갈 것이다. 축의금을 포함한 부조는 왜 5진법으로 진행되는지 참 난감하다(10진법 아니라서 다행일 수도 있겠다).

이 액수, 만만찮다. 한 달 동안 결혼식 두 번에 초상집 두 번 갔다면 기본 20만 원이 사라진다. 그렇기에 먼 사이는 아니지만 딱히 가깝지도 않은 이의 청첩장을 받아놓고 여기 가야 하나, 모른 척해야 하나, 오늘도 고민하는 분 여럿일 것이다. 우리나라 GNP^{국민총생산}의 약 10퍼센트가 선물비인데 그 태반이 경조사 부조라고 한다. 한 나라 경제의 1할이 이 돈이라는 것이다. 역으로 보면 내가 번 돈의 1할이 선물 포함 경조사비로 나간다는 뜻이다. 십일조 떼이듯이. 그러니 부담스럽지 않을 수 없다.

경조사비, 이거 안 없어진다. 국민 모두 한날한시에 이제 그만하자, 동의가 되어야 가능하니 그게 되겠는가. 내가 아는 어떤 사람은 셋이나 되는 자식이 단 한 명도 결혼하지 않자 어느 날 이렇게 분통을 터뜨렸다.

"그동안 뿌린 돈이 얼만데."

부조는 잔칫집이나 상가^{喪家}에 돈이나 물건을 보내어 도와줌, 또는 그 돈이나 물건을 말한다. 축하할 일이나 궂은일에 십시일반 재화를 건네준 것은 그 일을 잘 치르라는 공동체 의식의 발현이었는데 이제는 이러지도 저러지도 못하는, 거역하기 어려운 압박이 되어버렸다.

회사에 다니지 않는 나도 이 돈이 끊임없이 나가고 있다. 결혼만 따져보면 또래들 시기가 지나자 한동안 사촌이나 조카들 소식만 드문드문 왔는데 몇 년 전부터는 친구 자식들, 특히 여자 동창의 딸 결혼식 청첩장을 받기 시작했다. 가보면, 이십여 년 전의 어렸던 신부가 이제는 딸을 시집보내는 어미가 되어 있었다. 팔팔하던 처녀가 푸근한 어머니가 되어 있는 모습이 보기에 좋기는 했다.

 그러다 두 해 전에는 약간 민망한 청첩장을 받기도 했다. 우리 섬에 사는 친구 결혼식이었다. 자식이 아닌 친구 말이다. 친구는 재혼인데 아내가 초혼이라서, 결혼식만큼은 올리고 싶다는 장모의 간절한 바람으로('홀아비가 처녀 데리고 가면서 식도 안 올려?') 이렇게 된 거라는 설명도 들었다. 말했듯이, 친구 자식들 결혼식에 참석하다가 졸지에 친구 결혼식에 가게 된 것이다.
 "신랑, 신부 우인들 사진 찍겠습니다. 친구분들 앞으로 나오세요."
 결혼식에 참석한 나와 친구들은 이 소리에 상당히 멋쩍은 표정으로 걸어나가 한참 젊어 보이는 여자들과 나란히 서서 사진도 찍어야 했다. 뒤풀이 자리로 신랑, 신부가 인사를 왔다. 이 나이에 친구 결혼식에 온 것이 참으로 어색하니 두 번 다시 이딴 짓 하지 말라고 다들 한마디씩 했다. 그러자 그 친구가 대답했다.
 "와줘서 고맙네. 그리고 다음 달에는 우리 아들 결혼하네. 청첩장 또 보낼 테니 그리들 알고 있소."
 우리는 기가 막혀 웃기만 했다.

 이번에 서울에서 어떤 결혼식에 갔었다. 잘 아는 출판사 직원이었는데, 나는 하객이라기보다는 다른 직원들 만나 이야기하다가 얼결에 따라간 거였다. 거기서 멋진 풍경을 보았다. 구민회관을 빌려서 식을 치렀으며 그 흔한 사회자도, 뻔한 주례와 주례사도,

연주와 케이크 커팅도 없었다. 신랑, 신부는 사귀면서 찍었던 사진들을 잔뜩 붙여놓고 스스로 식을 진행했다. 어떻게 만났는지, 무엇에 반했는지, 그리고 자신들이 생각하는 인생과 결혼이 어떠한지 유머러스한 멘트로 이야기를 이어나갔다. 둘이서 북 치고 장구 치고 다 했다는 소리. 심지어 드레스도 없이 평상복으로.

난 결혼식이 이래야 한다고 평소에 생각했던 사람이라 아낌없이 손뼉을 치고 축하를 했다. 이미 딸아이에게도 이렇게 말해놓았다.

"네가 결혼을 하게 되면 예식장에서 하는 것은 반대다. 다른 나라에선 다들 성당이나 절, 교회 같은 공공성을 띤 종교 관련 건물, 아니면 집이나 마을회관 같은 곳에서 한다. 왜 우리나라만 결혼식을 비싸고 화려한 곳에서 해야 하는지 아빠는 이해할 수 없다. 그날 행복한 사람은 신랑, 신부여야지 예식업주가 아니지 않으냐. 넌 소박한 곳에서 가장 멋진 장면을 스스로 연출해서 해라. 아빠가 돈이 없어서 이러는 것은 절대 아니다. 최대한 모아서 그 돈을 예식업주 대신 너희들에게 직접 주겠다……"

일반적인 우리의 결혼식이라는 게 얼마나 식상하면서 피곤한 행사인가. 내 경우도 그랬다. 준비부터 식을 치르기까지 따지고 주고받고 머릿수 세는 짓을 해야 했고, 그걸 다 하고 나니 결혼식 자체에 정나미가 떨어질 정도로 지쳤던 기억이 있다. 물론 이렇게 복잡하고 형식적인 결혼식에 좋은 점이 하나는 있다. 질리게 만들어서 또 할 생각, 두 번 다시 안 들게 한다는 것.

형식과 관습을 깬, 둘만의 의미 있는 결혼식이 훨씬 낫다는 소리지만 느닷없이 이런 이야기를 떠벌리게 된 이유는 따로 있다. 결혼을 하지 않는 이들 때문이다. 결혼을 안 하거나 못 하거나(그 둘의 적당한 결합도 있겠지만) 끝내 포기해버린 사람들.

솔로인데이, 결혼을 포기한다는 게 아니라

자, A라는 사람이 있다고 치자. 남자든 여자든 상관없다. 이 사람은 40살 정도이며 직장을 다니고 있다. 20대 후반부터 다녔으니 그동안 결혼식 축의금으로 얼마나 나갔을까. 단순히 계산해서 한 달에 한 번, 5만 원씩 하면 대충 액수 나온다. 어디 그뿐인가. 아이가 태어나 백일이나 돌잔치를 하면 또 챙겨야 한다. 쉬지도 못하고 정장 차려입고 가야 한다.

최근에 A는 결혼을 아예 하지 않기로 마음먹었다. 이유야 다 각자 있겠지만 우리 주변에 A 같은 사람들 여럿이다(요즘은 혼자 가서 드레스 입고 사진 찍는 셀프 웨딩도 한다고 들었다). 어느 날 그는 친구들에게 말한다.

"나는 결혼 안 하기로 했다. 인생은 알 수 없는 것이기에 연애를 할 수도 있고 어쩌면 함께 살게 될지도 모르겠지만 결혼, 정확히는 결혼식을 안 하기로 한 것이다. 그래서 하는 말인데, 나의 이 선언에 대한 축하를 받고 싶다. 물론 축의금도. 나는 그 돈으로 유럽 여행을 하고 싶다."

반응은 어떨까.

실제로 이런 시도를 한 사람이 여럿 있었고 그중 두 번의 예를 전해 들었다. 두 번 모두 친구들이 흔쾌히 동의를 했단다. 나는 그 친구들의 반응이 정상이라고 생각한다.

사람은 결혼할 권리가 있다. 그리고 통념상 축의금을 받을 권리도 있다. 그동안 착실히 내왔기 때문에. 단지 결혼식을 하지 않는다고 축의금 받을 권리가 무시되어서는 안 되는 거 아니겠는가. 그러니까 그 권리를 인정하고 찾아주자는 것이다. 결혼을 한번 한 사람은 당연히 제외다.

A는 가까운 이들에게 메일을 보낸다. 모월 모일 모시를 자신이 그 선언을 하는 날로 정했다는 내용이다. 그러면 친구와 지인들이 그날을 결혼식에 버금가는 날로 여기고 참석하는 것이다. 축의금 봉투와 함께.

장소는 자기가 좋아하는 곳으로 정한다. 결혼식 피로연처럼 술이 포함된 파티가 될 것이다. 친구들은 축하를 보낸다. 먹고 마시고 웃고 떠들며 가능하면 축가도 부른다. 초반 30분은 어렸을 때부터 찍었던 사진을 슬라이드 필름으로 만들어 한 장씩 보며 설명한다. 좋아하는 노래 다섯 개를 골라와 하나씩 들으며 그 이유와 얽힌 사연을 이야기하는 것도 좋겠다. 이러면 A에 대한 인간적인 이해도 깊어질 것이다.

  이제 그날은 그의, 또는 그녀의 새로운 기념일이 된다. 다른 이들의 결혼기념일처럼. 또는 또 다른 생일처럼. 그런데 그날을 뭐라고 불러야 좋을지 모르겠다. 경사스러운 것을 포기하는 날이니 '포경데이'라고 하자는 것은 내 농담이었다. 주변에서는 솔로인^{solo} 데이, 비혼·무혼 선언의 날, 이런 의견들이 나왔다. 아마 많은 사람들이 이 의견에 동조하면 그 풍조가 생길 것이고 당사자들에 의해 가장 적당한 이름도 저절로 나올 것이라고 본다.

  그녀는, 또는 그는 나중에 결혼을 할 수도 있다. 말 그대로 미래는 알 수 없으니까. 느닷없는 인연이 나타나 사랑에 빠지고 맺어질 수 있으니까 결혼식도 올릴 수 있다. 당연히 '홀로 인생 선언' 했을 때 축의금을 낸 사람은 안 낸다. 자기가 좋으면 또 낼 수도 있지만 안 내는 것을 원칙으로 한다. 참석하는 것도 포함해서.

  워낙 살기 힘든 시기다. '포기'라는 단어가 툭하면 나온다. 각 개인의 어려움도 어려움이지만 나는 대한민국이라는 국가가(정확히는 지구 행성의 인류가) 가장 어려운 시기를 통과하는 중으로 보인다. 모든 게 바닥을 향해 곤두박질치고 있으니까.

  그만큼 우리는 많은 잘못을 했고 실수를 했다. 해야 할 것을 안 했고 안 해야 할 것을 했다. 그러니 어려워진 것이다. 말하다 보니 분위기가 좀 무거워져버렸지만 나는 이 거대한 어려움을 한 개인에게 통째로 짐 지워서는 안 된다고 생각한다.

그래서 최소한의 권리를 인정해주어야 한다는 것이다. 그날은 결혼을 포기한다는 게 아니라 혼자서 굳건하게 살겠다고 선언하는 날이니까. 어떤가. 귀하는 주변에서 이런 선언을 하는 지인이 있다면 봉투 들고 참석할 생각 있으신가.

팝송 틀어놓고 꽃상여가 나갔다

'그 사람' 말미에 나는 '저 먼 기억 속의 소녀'라는 소제목을 달고 우리 마을에서 살았던 한 소녀의 이야기가 영화로 만들어졌다는 사연을 썼다. 그 이야기를 좀 더 해도 될까, 고민이 들었지만 이제 그 영화도 내렸고 무엇보다 지극하기 그지없었던, 그녀와 친구들의 우정이 지금도 내 마음속에 남아 있기에 그 뒷이야기를 할까 한다. 앞 내용과 약간은 중복되는 부분도 있을 것이다. 용서하시길.

영화 제목은 〈순정〉이었다. 흥행에 실패하였으니 안 보신 분이 훨씬 더 많겠지만 아마도 제목은 알고 계실 것이다. 여기저기 홍보 영상이 많이 나왔으니까. 아주 유명한, 두 어린 친구가 주인공으로도 나왔으니까.

먼저 이 이야기의 출발점으로 가자. 그 소녀는 나보다 3, 4년 정도 선배였다. 두 다리 모두 소아마비에 걸려서 잘 걷지를 못했다.

사춘기가 가까워지자 목발을 짚지 않고 천천히 걸어 다녔다. 길에서 누군가 만나면 인사한 다음 돌담을 짚은 채 서 있기만 했다. 그 사람이 지나가기를 기다렸던 것이다. 그것은 나처럼 어린 후배를 만나도 마찬가지였다.

"누나, 어디 가?"

길에서 그녀와 마주친 내가 물었다.

"갱번^{바닷가}에. 넌 어디 갔다 와?"

"갱번에."

안녕, 인사를 하고 걸어가다가 돌아보면 그때까지 돌담을 짚은 채 나를 보고 있었다. 그 정도로 자신의 불편한 걸음걸이를 남에게 보여주고 싶지 않아 했다. 충분히 그럴 만했다. 감수성 예민한 나이대의 소녀였으니까.

말했던 대로, 그녀는 얼굴이 예뻤고 마음씨도 고왔다. 인내와 침묵만 있었지, 누구에게도 원망이나 못된 소리를 하지 않았다. 그래서 그녀는 무언가를 늘 바라보는 존재였다. 하늘을, 바다를, 햇살을, 비를, 노을을, 깜깜한 밤의 허공을 바라봐야 하는 임무를 지니고 태어난 사람 같았다.

소녀는 음악을 아주 좋아했다. 밤마다 FM 라디오 음악 프로그램을 들었다. 카세트로 테이프를 듣기도 했지만 자주 그러지는 못했다. 건전지를 넣어야 했기 때문에. 당시 우리 마을엔 전기가 들어오지 않았다. 전기는 내가 20살 되던 해에 들어왔다. 그때까지 석유 등잔불을 켰다. 그 등잔을 '호야'라고 불렀다. 돈이 없으니까 아껴야 했다.

그 대신 친구들이 있었다. 특히 더벅머리 섬 소년들. 우리 마을은 거문도 내 동도 중에서 죽촌리였다. 동도에는 유촌리라는 마을이 하나 더 있는데 학교가 그곳에 있었다.

우리는 보통 웃길이라고 불렀던, 산속 작은 길로 학교엘 다녔다. 소녀와 친구들도 그랬다. 여기서 중요한 것은 남자 친구들이 교대로 그녀를 업고 다녔다는 것. 6년 동안. 여자 친구들은 가방을 들고. 중학교는 지금 내가 사는 서도 덕촌리에 있다. 지난해에 다리가 완공되었으니 대대로 동도에서 서도를 가려면 배를 타야 했다. 학생들은 통학선을 탔다.

중학생이 된 그들은 소녀를 업고 선착장까지 내려가서 통학선에 올랐고 배가 덕촌리 선착장에 도착하면 다시 업고 산 중턱에 있는 중학교까지 올라갔다. 3년 동안. 어느 누구도 업는 것을 힘들어하지도, 귀찮아하지도 않았다. 어디 그뿐인가. 그녀가 무심코 등대(등대는 중학교보다 훨씬 더 먼 곳에 있다)의 수선화가 보고 싶다고 말하면 친구들이 숙덕숙덕한 다음 친구 집 배를 몰래 빼 와 싣고 가기도 했다. 요즘과는 달리 당시 중학생 정도면 배를 몰 줄 알았다. 물론 나중에 혼이 나기도 했다.

그 친구들 등짝에는 지금도 공동으로 그녀의 체온이 남아 있을 것이다. 그 우정이 얼마나 지극했는지 그녀가 비행기를 타고 싶어 했다면 아마도 훔쳐보려고 계획까지는 짰을 것이다. 중학교를 마치자 친구들은 섬을 떠났다(우리 섬에는 고등학교가 없다). 일반 고등학교나 산업체 부설학교, 아니면 그냥 공장 등지로. 그녀는 혼자 남았다. 홀로 라디오 음악을 들으며, 바다와 노을과 밤의 허공을 더 자주 바라보며 지냈다. 친구들은 음악 테이프를 동봉한 편지를 보내왔고 그녀는 답장을 썼다. 방학이 되어서야 그들은 다시 만날 수 있었다.

세상에서 가장 슬픈 산다이

그해 여름. 비가 쏟아졌던 밤이 지난 다음 날 아침, 그녀는 싸늘하게 식은 채 바다에서 발견되었다. 죽어버린 것이다. 초등학교 교사를 좋아했다는 소문도 떠돌았고 갯바위에서 미끄러졌을 거라는 추측도 있었지만 본 사람이 없었기에 왜 그리됐는지 아무도 몰랐다.

장례 문제로 마을 어른들과의 마찰은 앞 글에 잠깐 썼으니 생략한다. 그렇게 열일곱, 열여덟 어린 친구들은 스스로 상주가 되어 마을회관에 분향소를 차렸고 장례를 치러냈다. 그리고 출상하던 날, 상엿소리 낼 사람이 없다는 것을 비로소 깨닫고 고민하다가 차라리 그녀가 좋아했던 음악을 틀어주자는 의견에 따라 그렇게 했다. 커다란 카세트를 광목으로 동여맨, 팝송 틀어놓은 꽃상여는 그렇게 생겨난 것이다. 세상에서 가장 슬픈 산다이였다.

그 사건이 일어났을 때 이미 여수로 전학을 간 다음이었던 나는 친구를 통해 그 소식과 과정을 전해 들었다. 소녀의 슬픔과 친구들의 사랑과 우정은 그렇게 해서 내 마음속 깊이 똬리를 틀게 된다. 시간이 흘러 작가가 된 다음 어느 연작 장편소설 중 한 꼭지로 그 장면을 썼는데 두고두고 아쉬웠다. 이야기를 하다 만 기분이었고 그녀가 자기 이야기를 완성해달라고 말을 걸어오는 것 같았다.

지금까지는 배경이고 이제는 영화 뒷이야기다. 10년 전 다시 섬으로 들어온 나는 그것을 완성하기로 마음먹었다. 무엇보다 영상으로 만들고 싶었기에 시나리오작가로 활동하는 선배를 찾아가 만났다. 대략의 스토리를 들은 그는 대번에 고개를 저었다. "절대 영화 안 돼." 그의 답이었다. 그는 고기에 술을 살 테니 그거나 먹고 돌아가라고 하면서 나를 식당으로 데리고 갔다. 먹기는 했지만 납득이 되지 않았던 나는 시나리오 샘플 몇 개를 얻어 왔고 두어 편 읽어본 다음 무조건 쓰기 시작했다. 모르면 용감하다는 말대로. 한 번도 안 써본 시나리오가 일단 그렇게 만들어진 것이다.

알고 지내는 영화계 쪽 후배에게 그것을 보냈다. 시나리오라는 것을 하나 썼으니 한번 읽어보라고. 그게 충무로에서 이 손 저 손으로 옮겨 다니게 된다. 8년 동안.

몇몇 영화사에서 연락이 오기는 했지만 공통된 의견은 하나였다. 영화로 만들기 쉽지 않겠다는 것. 주인공이 10대면 투자받기

가 정말 어렵고 특히 팝송이 많이 들어갔던데 음원 저작권료가 엄청나다는 것. 감독으로 이름 떨치고 있던 모 선배는 시나리오에 들어간 노래 음원값을 계산해봤는데 10억 원 정도더라고 전해왔다. 보통의 팝송 하나 쓰는 데 2000만 원가량 든다고 해서 내 입이 떡 벌어졌다. 지금은 훨씬 더 비싸졌단다(나는 요즘 글 쓰겠다는 애들에게 작곡을 공부하라고 권힌다).

연락해온 영화사들은 그런 난관이 있으니 가계약을 하자고 전해왔다. 한마디로 '홀드' 해놓고 싶어 했던 것. 나는 거절했다. 이 사연과 나는 공동 운명이고 싶다, 모든 글은 스스로의 팔자가 있으니 그냥 두겠다는 게 이유였다.

하염없이 시간이 갔다. 그리고 2013년 초, 시나리오를 읽은 J 필름 대표가 영화로 만들어보겠다고 연락해왔다. 유명한 영화를 여러 편 제작했다는 그가 누구도 섣불리 나서지 못하는 일을 하겠다고 마음먹은 것이다. 나는 그 이유를 물었다.

편드는 것 같아 약간은 저어되지만 그래도 말해야겠다. 중요한 문제니까. 블록버스터나 자극적인 영화의 문제점을 그는 정확히 알고 있었다. 그가 지적한 문제는 이거였다. 다들 그런 영화만 만들어내고, 또 보기 때문에 '전반적으로 사람들이 나빠진다'는 것. 창작자가 생각하는 이야기의 가치와 의미보다는 투자자의 판단에 의해서만 영화가 만들어지는 현실이니까.

같은 맥락으로, 영화 〈순정〉이 흥행에 실패한 이유는 여러 가지가 있겠지만 그중 하나를 소개하면 이렇다. 어떤 분이 이렇게 말했다. "사람들 마음속에 순정이 없어져서 그래." 〈순정〉이 사람들 마음속 순수성을 대변한다고 주장하는 게 아니다. 우리는 최소한, 자극적이고 파괴적이고 엽기적인 소재에 길들어 있다는 것이다.

영화사 대표가 세월호 유가족들에게 큰돈을 기부하고, 흥행에 성공했던 영화 수익금의 절반도 '아름다운 가게'에 기부했다는 것은 계약하고 난 다음에 알게 됐다. 그 사람의 그런 마음이 없었다면 소녀 이야기는 그저 종이에 인쇄된 활자 상태로 서랍 속에서 탈색되어가고 있었을 것이다.

영화가 개봉한 다음 나는 한동안 서울에서 지내며 혼자 영화관을 전전했다. 관객 수가 줄어들자 상영관도 급전직하로 줄어들었다. 홍대로, 일산으로, 건국대 앞으로 찾아다니며 영화를 보았고, 눈물을 흘렸고, 술을 마셨다. 영화 자체가 워낙 눈물샘을 자극하는 내용으로 각색된 탓도 있지만 그 아름답고 착했던 소녀의 비극과 눈물겨운 친구들의 우정이 사람들에게 외면당하고 있다는 느낌을 지울 수 없었기 때문이다.

오래전부터 나는 글 쓰는 이들을 대상으로 강연이나 수업을 할 때 이 이야기를 해왔다. "책상 앞에서의 상상력은 한계가 있다. 내가 상상하는 것은 다른 사람도 충분히 상상한다. 어떤 상상보다 현실이 훨씬 앞서간다. 현실을 찾아서 문을 열고 나가라······."

〈순정〉의 사연도(각색에 의해 이야기가 조금 바뀌었지만) 내 상상의 결과물이라면 쓸 엄두를 못 냈을 것이다. 내가 그 이야기를 겁도 없이 시나리오로 썼던 것은 실제 그런 일이 있었기 때문이다.

  어제 낚시를 간 장소가 동도 죽촌 마을이 마주 보이는 곳이었다. 오래전 그날처럼, 한 소녀가 돌담을 짚으며 서 있었고, 친구들이 그녀를 찾아와 업었고, 싸늘하게 식어버렸고, 밥 딜런과 비지스의 노래를 틀어놓고 꽃상여가 나가고 있었다. 내 눈에서는 여전히.

임은 종종 나타나니까 물이나 펑펑 솟았으면

부산 기장군에서 주민 투표가 있었다. 해수 담수화 시설에서 생산한 수돗물 공급에 대한 것으로, 개표 결과 89.3퍼센트의 주민이 반대했다. 기장군 담수화 시설 취수구는 고리 원자력발전소에서 11킬로미터밖에 떨어져 있지 않다. 방사능 삼중수소 검출 우려와 대기업 주도의 물 민영화에 대한 논란이 이어지면서 민간 주도의 주민 투표가 발의된 것으로 부산시 지자체 역사상 최초의 민간 주도 주민 투표이자 풀뿌리 민주주의 확립을 위한 시도였다는 평가가 있었다.

전체 유권자의 3분의 1 이상이 투표하지 않아 법적 효력이 없다고 일부 언론은 보도했다. 하지만 법적 효력을 얻는 것이 목적은 아니었다. '정부와 지자체의 일방적 물 행정에 반대하며 주민 스스로 수돗물 결정권을 행사하겠다는 의지의 표현이자 반대 의견을 무시하는 지자체에 맞서기 위한 자발적 행동'이었다는 게 당시 나온 기사 내용이다.

이거 지극히 당연하다. 다른 것도 아니고 물인데. 특히 마시는 물인데. 밥은 안 먹고 한 달까지 견딜 수 있다지만 물은 3일만 못 마시면 죽는다. 지금 바로 안 죽는다 해도 갈증이 나면 괴롭기 그지없던 경험들 있으실 것이다. 당장, 종일 마시고 누는 양을 생각해보면 우리는 물의 종족이라는 것을 확인할 수 있다. 그래서 물은 중요하다.

깊은 산속 옹달샘, 굽이치며 쏟아지는 계곡물, 물안개 피어오르는 새벽의 호수, 도저하게 흘러가는 강물, 깊고 푸른 바다, 그리고 목마를 때 만난 생수 한 잔. 어느 것 하나 나쁜 게 있는가. 우리의 생명을 이어주고 마음의 평화와 안정도 주기 때문이다. 이렇게 물은 삶의 근원이자 최고의 파트너다. 이런 물질, 세상에 또 없다.

도시 사람들이야 꼭지만 돌리면 펑펑 나오는 것이 물이라 툭하면 샤워하고, 머리 감거나 그릇 닦으면서도 틀어놓지만(요즘 한 사람이 샤워할 때 사용하는 물의 양이면 예전 한 가족이 하루 밥 해 먹고 마실 정도는 되고도 남을 것이다) 우리 섬사람들은 그래서는 안 된다는 게 DNA 안에 각인되어 있다. 섬은 물이 부족한 곳이다. 아껴야 살 수 있다. 예전에 무인도가 유인도 되는 첫 번째 조건도 물이었다.

'임은 종종 나타나니까 물이나 펑펑 솟았으면 좋겠다.'

거문도 인근 청산도에서 내려오는 말이다. 물에 대한 간절한 바람을 유머러스하면서 생생하게 느껴질 정도로 잘 표현한 말이다. 임이라 해도 너무 자주 오면 그다지 반갑지 않다는 말로도 들리지만 말이다. 청산도는 거문도에서 비교적 가까운 섬이다. 뒷산에 올라가면 잘 보인다. 거문도의 입도조(최초로 살러 온 사람)가 청산에서 온 것으로 추측할 정도이다.

펑펑 솟지는 않았지만 우리 섬에도 마을마다 우물이 있었다. 한 마을에 보통 두 개나 세 개, 집 안에 우물이 있는 경우를 합치면 더 늘어난다. 남자 어른을 제외한, 그러니까 모든 나이대의 여자와 남녀 아이들은 중요한 일과가 물 실어 오는 거였다. 나도 숱하게 길러 다녔다.

똬리를 머리에 받치고(똬리 끈은 입에 문다) 물동이를 머리에 인 소녀, 처녀, 새댁, 아줌마, 할머니 들이 늘 거리를 지나다녔다. 끈을 문 이유는 동이를 기울여 물통에 부을 때 안 떨어지게 하기 위해서다. 남자애들은 커다란 주전자로 날랐다. 두레박으로 물을 길어 올려 물동이에 부을 때도 행여 한 방울이라도 흘릴세라 조심하곤 했는데 수맥이 박하여 오후면 바닥을 드러내버리는 우물 근처 사람들은 새벽부터 부지런을 떨어야 했다.

여러 차례 왔다 갔다 했기에 그녀들은 머리카락은 물론 적삼이나 셔츠가 물에 젖어 있기 일쑤였다. 못된 남자애들은 물동이 이고 걸어오는 또래 여자가 있으면 앞을 가로막고 장난을 치곤 했다. 여자애들은 무거운 물동이를 이고 있었기에 쩔쩔맸다. 급기야 입을 맞추기도 했다. 당시 섬마을 젊은 남녀의 첫 키스는 그 상황에서 이뤄질 확률이 아주 높았다. 입술을 살짝 가져다 대는 정도기는 했지만 말이다. 내 친구도 그랬다. 고등학교 여름방학 때

섬에 들어왔는데 친구 한 놈이 내가 보는 앞에서 그 짓을 했다.

"콱, 물 부서부러."

성깔 있던 여자 동창은 앞에서 얼쩡거리는 그 친구에게 눈을 부라리며 악을 썼다. 성질대로만 한다면 얼마나 부어버리고 싶었을까. 보고 있던 나도 그녀에게 그렇게 해버리라고 부추겼다. 그냥 물동이를 기울이는 것만으로 친구는 물에 젖은 생쥐 꼴이 되어버릴 터인데 그녀는 끝내 그러지 못했다.

"씨발 놈, 쌍놈의 새끼. 어디 가지 말고 여기 가만히 있어."

이를 갈면서 멀어지던 그녀는, 그 상태라면 씩씩거리며 달려가다시피 해야 정상이지만, 그리고 쇠스랑이나 지게 작대기, 빨랫방망이라도 들고 쫓아와서 두들겨 패야 앞뒤가 맞는 것이지만, 아주 조심스럽게 걸어가고 말았다. 솟구치는 성질과 물에 대한 조심성, 그 둘이 아주 위태롭게 뒤섞여 있던 것이다. 보는 내가 다 애가 탔다. 요즘이라면 당장 구속감인데.

물은 신과 동격이다

물을 채워야 하는 곳은 부엌의 물통만이 아니었다. "배에 물 좀 채워놔라." 할아버지나 아버지가 시키면 딸은 물동이를 이고 바닻가까지 내려가 배에 올라야 했다. 배에도 커다란 물칸이 있었다. 주로 조타실 뒤편, 키를 잡고 사람이 올라서는 곳에. 앞서 이야기한 대로 그나마 다행인 건 파도에 흔들리는 물은 상하지 않는다는 것이다. 산소가 계속 공급되기 때문에.

그때 그 일을 도맡아 했던 내 여자 동창들, 이제는 도시의 아파트에서 살고 있는 그 애들은 지금도 종종 그 시절을 이야기한다. 그러나 그녀들은 고향을 그리워하기는 하지만 돌아와 살고 싶은 마음은 손톱 끝만큼도 없다고 말한다. 그 기억들 때문에.

섬사람 모두 그랬듯이 돌아가신 할머니도 평생 물을 아끼셨다. 할머니는 빨래하고 나서 헹굴 때도 세숫대야에 물을 조금만 받아놓고 공들여 주무른 다음 혼신의 힘으로 짜고 또 짰다. 그러면서 이렇게 말했다.

"이래야 뒷물이 안 시끄러워."

적당히 짜서 헹구면 물을 많이 쓰게 된다는 뜻이자 나에게도 그렇게 하라는 소리였다. 그리고 그 물은 예외 없이 텃밭으로 갔다. 할머니의 그 버릇은 수돗물이 나온 다음에도, 돌아가실 때까지도 변함이 없었다. 생존에 꼭 필요한 양 외에는 절대 낭비하지 않으신 것이다. 그러고도 늘 정갈하셨다.

지금 내 거처에도 수돗물이 나온다. 그것도 아주 콸콸. 섬에 물이 많아서도 아니다. 해수 담수화 시설이 이곳에도 되어 있기 때문이다. 내가 속한 덕촌리는 지하수를 저장해서 수돗물을 공급한다. 내 집만 담수화 물을 쓴다. 마을과 동떨어진, 등대 가는 중간에 위

치했기 때문이다. 담수화 시설을 만들게 된 이유가 물론 있다.

 거문도의 면 소재지는 거문리라는 곳이다. 여객선이 닿는 곳이며 면사무소를 비롯해 우체국, 수협, 농협, 파출소는 물론 많은 수의 여관과 식당이 있다. 섬의 중심지다. 그러다 보니 거문도를 찾아온 관광객 대다수가 그곳에서 머문다. 관광 온 이들, 물 많이 쓴다. 가뜩이나 거문리는 섬이 작아 물이 부족했다. 원래 무인도였는데 1885년 영국군이 점령하고 막사와 진지를 만들면서 유인도가 되었다.

 그래서 거문리는 맞은편 덕촌리에서 물을 끌어와 썼다. 시간이 지나자 분쟁이 일어났다. 덕촌리 입장에서는 거문리가 관광객 상대로 돈을 잘 버는데 물까지 가져다 쓰니 마음이 편치 않았다. 거문리는 거문리대로 물과 관련한 손님들의 불만에 시달려야 했다. 도시에서 펑펑 쓰던 버릇이 있으니 손님들도 답답했을 것이다. 식당 장사도 물이 많이 필요하다. 그래서 나온 게 해수 담수화.

 바닷물을 필터로 걸러 내보내는 것이다. 공교롭게도 취수구가 내 집 앞이다. 거기서 뽑아 올려 만든 담수를 내가 쓰고 그곳으로 다시 흘려보낸다. 아주 작은, 물의 순환 구조를 보는 것만 같다. 물의 순환 구조는 이런 것이다. 내가 지금 마시는 물은 한때 바닷물이었고 그 전에는 빗물이었고 또 전에는 솔잎 끝에 매달린 이슬이었고 어떤 생물체의 젖이었고 피였고 침이었고 눈물이었고……

딸아이가 유치원에 다닐 때였다. 텔레비전에서 인형극을 했다. 한 인형이 말했다. "사막에서는 절대 울면 안 돼." 건성으로 보고 있던 나는 그 문장이 귀에 쏙 들어왔다. 아이들 프로에서 그런 말이 나와서 놀랐던 것이다. 사막에서는 절대 울면 안 된다는 말, 뭔가 있을 것 같지 않은가. 옆에 있던 인형이 왜 그러냐고 물었다. 답은 이랬다. "한 방울의 물도 아깝기 때문이다."

이건 갑자기 떠오른 것으로, 조금은 웃자고 한 말이다. 진짜 사막의 경우는 이렇다.

생텍쥐페리의 《인간의 대지》에는 다음과 같은 내용이 들어 있다. 그는 아프리카 북부 사하라사막에 사는 모어족(정확히는 '모르Maure' 족) 몇 사람을 사부아 지역의 폭포로 데리고 간 적이 있다. 그 부족민은 나무를 발견하면 껴안고 울 정도로 물이 귀한 사막 복판에서 살고 있었다. 아이들도 사람을 보면 돈을 달라고 하지 않고 깡통을 내밀며 이렇게 말한다. "물 좀 주세요." 그러면 이렇게 대답한단다. "착하게 굴면 주마." 우물을 찾기 위해 며칠을 걸어야 할 정도니까.

그런 부족민이 폭포를 본 것이다. 무한대의 물이 쏟아지는 그 신비로운 모습에 그들은 넋이 나간다. 잠시 후 안내인이 말했다. "그만 가시죠." 그들이 대답했다. "기다려봅시다." "무엇을요?" "끝을." 그들이 왜 그런 말을 했는지 충분히 짐작된다. 그 대목에서 생텍쥐페리는 그들을 대신해 이렇게 말한다. "그곳에 신이 있었다."

물이란 그런 것이다. 신과 동격이다. 땅을 뒤엎고 '공구리' 쳐서 강물을 망쳐놓은 4대강 사업이 이 나라 최고의 재앙인 이유이기도 하다.

평상에서 보았다

　벤치에 대해 이야기한 적이 있다. 등대 가는 길 고개에 있는 벤치. 내가 툭하면 앉아 음악 들으며 담배 피우는 곳. 수평선과 무인도들, 바람과 해류와 파도가, 철새의 비행이 보이는 곳. 가까이에 좋아하는 벤치가 있다는 것은 행운이다.
　성격은 다르지만 비슷한 장소가 하나 더 있다. 바로 거문슈퍼 앞 평상. 앞서 등장한 적 있는, 대학원에서 사진을 전공하고 슈퍼마켓 하는 선배네 가게이다. "아, 그냥 냅둬. 당구만이라도 내 마음대로 치게" 했던 그 사람. 나하고는 책 작업을 함께하기도 했는데 이 양반 때문에 나는 종종, 거문도에서 슈퍼를 하려면 대학원을 나와야 한다는 농담을 하곤 한다.
　10년 가까이 나는 이 평상을 자주 찾았다. 지금도 최소한 하루에 한 번씩 앉아 있다. 평상이라는 게 벤치처럼 아무나 앉아도 되는 자리지만 몇몇 이에게는 '한창훈 고정석'이라고 불릴 정도로 친한 장소이다.

이 평상에서 가장 행복할 때가 있다. 따스한 햇살 받으며 낚시 채비를 하는 시간. 이 시간이 정작 낚시하는 것보다 더 좋다. 나가면 고생이니까. 가지고 있는 재산이 무어냐고 묻는다면 고갯마루 벤치와 더불어 이 평상을 댈 것이다. 물론 내 소유는 아니지만. 이곳에서 거문도를, 정확히는 거문도 주민들의 삶과 일상을 바라보고, 읽어낸다. 최근에 일어난 사건과 소문도 듣게 된다.

워낙 자주 가다 보니 앉아 있는 시간도 매번 다르다. 그리고 시간에 따라 보이는 풍경도 다르다. 계절이 흘러가는 것을 보는 장소가 벤치라면 평상은 사람이 지나가는 것을 바라보는 곳이다.

혹시 첫차를 타보신 적 있으신가. 시내버스나 인근 도시로 가는 직행버스 말이다. 막차는 종종 타보실 것이다. 첫차와 막차는 분위기가 비슷할 것 같지만 정말 다르다. 막차 풍경은 일상에 지친 몰골이 대부분이지만 새벽 첫차에는 인생 자체에 지친 이들이 따로 모여 있다. 몰랐던 마을이 따로 존재하듯이(시베리아 어디엔가 제2차 세계대전 자체를 몰랐던 마을이 있단다), 생각지도 못했던 입성과 사연들이 거기에 있다.

이를테면 천안이나 인천, 동두천에서 서울 가는 새벽 버스를 탄다면 원거리 출근의 고단함을 고스란히 구경할 수 있다. 다들 양복 양장 차림이지만 곧바로 잠에 빠져든다. 새벽 공기를 가르는 버스 속, 고달픈 잠깐의 수면.

블루칼라는 더하다. 지방에서 첫차를 타면 서로 아는 이들이 타고 있는 장면을 보기 어렵지 않다. 대부분 같은 공장이나 현장에

다니는 이들이다. 내가 노가다 하러 다닐 때도 그랬다. 다른 지역에서 일하게 되면 보통 함바(현장 식당)에 달린 숙소에서 잤지만 집에서 다닐 때는 꼼짝없이 첫차를 타야 했다.

20대 후반 나는 대전 인근 세천이란 곳에서 살았다. 도심지에서 한참 떨어진 외곽으로 도시 저편 공사 현장으로 가려면 꼭두새벽에 일어나 충북 옥천군에서 넘어오는 첫차를 타야 했다. 거기엔 나와 비슷한 행색의, 별빛과 함께 움직이는 중년들이 타고 있었다. 서로 말하지 않아도 내 팔자가 네 팔자구나, 그런 느낌. 특히 겨울이면 쌓인 눈을 헤치며 엉금엉금 기어 오는 버스를 타곤 했는데 그럴 때마다 고단함과 미래에 대한 막막함이 밀물처럼 밀려들곤 했다.

섬의 새벽도 크게 다르지 않다. 동이 터오기 직전부터 깊은 밤까지 이 평상에서 보는 섬마을 풍경을 하루로 압축해서 시간대별로 정리해보면 이렇다.

AM 5시.

수평선 너머에서 집어등 불빛이 한두 개 보인다. 불빛을 키우는 것은 암흑이다, 라는 시구처럼 그것은 어둠을 더 깊고 짙게 만들고 있다. 제주 쪽에서 온 갈치잡이 배들이다. 본격적인 시즌이 시작되려면 한 달 정도 남았지만 혹시나 하고 나와본 것이다. 머잖아 여름 밤바다, 수평선 너머의 불야성이 시작될 것이다.

희미한 새벽 기운이 퍼지면 중년, 노년들의 새벽 운동이 시작된

다. 두세 사람씩 짝지어 등대를 향하여 걷는다. 남자들은 MP3로 '뽕짝'을 틀어놓는다. 여자들은 그런 것을 잘 가지고 다니지 않는다. 대신 두런거리는 말소리가 그녀들에게서 계속 나온다. 이 시간대 누구와 짝을 짓느냐에 따라 평소 친분 상태를 짐작할 수 있다. 그들 옆으로 새벽 물살을 가르며 그물 걷으러 가는 배들이 있다.

AM 7시.

항구의 기능이 본격적으로 시작된다. 밤 어장 나갔던 배가 들어온다. 이 집 저 집 문 열고 사람들도 나온다. 운동 갔던 이들이 돌아오고 쓰레기 수거차도 움직이기 시작한다. 집집이 밥을 짓기 시작한다. 예전에는 굴뚝에서 연기가 나던 시간대다. 북적거리기 시작한다는 건 사람살이의 시작을 알리는 신호다. 백도 가는 부정기 관광선이 뜨기도 한다. 나이 든 관광객은 멀쩡한 얼굴로, 젊은이들은 잠과 술이 덜 깬 얼굴을 하고 선착장을 향해 종종걸음을 걷는다. 손님이 많을 때는 이렇다. 이 시간에 다녀오면 오전 여객선을 탈 수 있기 때문이다.

AM 10시 20분.

전남 여수에서 출발한 여객선이 도착한다. 섬에서 가장 복잡한 시간대다. 여수로 나갈 관광객들이 일찌감치 모여들어 터미널은 북새통이다. 섬에서 마지막 음주를 하느라고 가까운 식당도 마찬가지다. 화물을 찾기 위해 주민들도 모여든다. 여객선이 집안을 하고 새로운 관광객들이 내리기 시작한다. 오는 자와 떠나는 자가 엇갈리는 공간과 시간. 떠나는 자에게는 이미 익숙해진 곳이 들어오는 자에게는 미지의 세상이다.

손님들이 내리고 나면 주민들이 바지선 위로 가서 자신의 화물을 찾는다. 찾아서 밀차나 리어카에 싣고 나온다. '거북이 할아버지'는 섬마을에서 유일한 화물 전문 배달꾼이다. 나이도 많고 말투도 어눌하지만 하루도 빠짐없이 이 일을 한다. 그러니까 화물 찾을 여유가 없는 이들이(주로 식당과 가게) 그에게 부탁하면 찾아서 가져다주는 것이다. 박스 하나당 가격이 오랫동안 1000원이었는데 작년 이맘때부터 2000원으로 인상을 감행했다.

그는 이 일로 자식들을 다 가르치고 키웠다. 단, 그는 절대 박스를 리어카에 묶지 않는다. 우리가 볼 때는 대충이지만 무슨 원칙으로 삼고 있는 듯하다. 그러니 위태롭게 싣고 가다가 한두 개씩 떨어지는 풍경을 종종 볼 수 있다. 도착한 관광객들은 일행 수를 확인하느라 우왕좌왕이고 낚시꾼들은 서둘러 낚싯배에 오른다.

PM 12시.
마을이 일순 조용해진다. 관광객들이 점심 먹으러 들어가는 시간이다.

PM 1시.
마을이 다시 시끌벅적해진다. 다들 밥 먹고 나왔기 때문이다.

나도 점심을 먹고 거문슈퍼 평상에 느긋하게 앉아 있는 시간이다. 모든 이들이 다 지나간다. 관공서 직원들, 보건소 공중보건의, 간호사, 어부들, 농부들(이라고 부르기 딱히 뭐하지만), 그냥 주민들과 아이들. 몇몇은 잠시 옆에 앉아 바다 상태와 어제의 조황에 관해 나와 이야기를 나누기도 한다. 그리고 다수의 관광객들. 같은 복장에 같은 등산화를 신은.

PM 4시.
오후 여객선이 들어온다. 오전과 같은 풍경이 만들어진다. 또다시 떠나는 자들과 들어오는 자들이 엇갈린다. 마치 인생이 되풀이되는 것만 같다. 저 사람이 살았던 인생을 내가 되풀이하는 것처럼. 말투만 조금 다를 뿐.

PM 6시.
인간처럼 밥을 자주 먹는 종족이 또 있을까. 저녁 먹는 시간이다. 그사이 백도나 등대에 다녀온 이들이 식당에 들어앉아 위하여, 를 외친다. 다 먹고 나온 이들은 더 시끄러워진다. 취한 관광객은 길에서도, 심지어 여객선 안에서도 고래고래 소리 지른다. 얌전한 청년도 예비군복 입으면 거칠어지는 것과 비슷하다. 여행이 주는 일탈의 심정. 단체면 더욱 그러하다. 쪽수 많으면 용감해지니까. 혼자면 엄두도 못 낼 거면서. 트럭 몰고 다니는 주민들의 불만 중 하나가 그것이다. 안 비켜준다는 것.

PM 10시.

비가 오기 시작한다. 빗물 고인 바닥이 가로등 불빛을 반짝, 반사하고 있다. 비 떨어지는 모습도 보인다. 나와 슈퍼 선배는 차양을 치고서 평상에 앉아 소맥을 마신다. 이곳 섬마을은 사회의 축소판이다. 파출소, 우체국, 수협 외에 중국집, 치킨집, 커피숍 따위가 딱 하나씩만 있다. 중국집은 저녁에는 문 닫는다. 유일한 치킨집은 육지의 수많은 호프집을 대신한다. 덕분에 2차 갈 곳이 마땅치 않다. 선배와 나는, 비도 오고 하여, 가볍게 한잔 더 하기로 한 것이다.

그래서 평상이다. 슈퍼는 이럴 때 좋다. 문만 열면 술이 있으니까. 선배가 사과를 하나 깎는 동안 나는 음악을 켠다. 시작은 레너드 코언의 〈어 사우전드 키세스 딥 A Thousand Kisses Deep〉이다. 자리가 있고 술이 있고 음악이 있고, 그리고 밤비 내리는 골목 풍경이 있다. 이만하면 좋잖은가. 사람들은 이런 순간을 얻기 위해 열심히 출근하고 경쟁하고 저축한다. 우리는 당장 할 수 있으니 지금 하고 있는 것이다.

이건 사람의 휴식이자 길의 휴식이며 풍경의 휴식이다, 라고 말하고 싶은데 관광객들은 그렇지 못하다. 어깨동무를 하고, 비틀거리고, 서로 이름을 부르며 왔다 갔다 한다. 그들이 사라지자 이번에는 취한 중년 남자가 지나간다. 아는 얼굴이다. 우리를 발견하고는 어, 하는 자세로 선다. 그가 볼 때는 옹색하게 술 마시고 있는 우리가 구경감이다. 한잔할 거냐고 묻자 한동안 멀거니 서 있다가 고개를 흔들고 걸어간다. 우리는 알고 있다. 그의 아내가 얼마 전에 육지로 가버렸다는 것을.

  이번에는 후배 부인이 나타난다. 그녀도 취해 있다. 그녀는 우리를 보자마자 달려들어 옆에 앉는다. 그리고 빈 잔을 들어 올린다. 빨리 따르라는 것. 그리고 운다. 들어보니 집안에 안 좋은 일이 생겨 속이 상한 것이다. 남편과도 씨웠단다. 그녀의 남편은 저만큼에서 걸어오다가 우리를 발견하고는 옆으로 사라져버린다. 비는 더 오고 여인의 울음소리는 사그라지지 않는다. 매 시간대 풍경이 소규모 산다이들이다.

빠삐용 가득 낚았네

　

'마이구리'라는 말이 있다. 이 단어의 뜻이 무언지 전혀 감이 안 올 것이다. 혹시 구리 종류일까, 싶기도 하겠지만 내가 뭐한다고 광물에 대해 이야기하겠는가. 당연히 아니다. 장난기 있는 분들은 '어쭈구리'나 좀 심하게 '씹쭈구리' 같은 비속어를 떠올리기도 할 것이다. 하지만 그것도 아니다.

나는 최근에 마이구리를 했다.

이 발언은 더 헷갈리실 것이다. 도대체 뭘 했다는 거야? 까불지 말고 빨리 말해, 이런 말 들리는 듯하다. 이야기하겠다. 먼저 이 이상한 단어가 인터넷 사전 검색에 뜬다. 마이구리는 '만선滿船을 이르는 거문도 말'이라고. 거문도에서만 쓰는 말이라는 것은 나도 처음 알았다(설마). 그럼 만선은 무슨 뜻인가(이건 아는 분 여럿 계실 것이다). 물고기 따위를 많이 잡아 가득히 실음, 또는 그런 배를 뜻한다.

그러니까 최근에 낚시를 가서 만선했다는 소리다. 낚시 좋아하는 분이라면 귀가 솔깃할 것이다. 말 그대로 물고기를 배에 가득 싣고 왔다니까. 낚시 가서 재미 좀 봤다, 는 소리보다 훨씬 더 크고 강렬한 단어니까.

만선의 전설은 항구마다 있다. 심지어 어떤 배가 만선으로 돌아오다 그만 가라앉아버리고 말았다는 증언도 내려온다. 물고기가 너무 많이 잡혔고 욕심껏 싣고 왔는데 도중에 파도가 높아 배가 뒤집혀버린 것이다. 배가 잔뜩 내려앉았기 때문에 복원에 실패한 것. 그러니 선망 배에서는 고등어가 너무 많이 잡히면 그물을 자르기도 한다. 그것을 다 올리면 배가 위험해지니까.

암튼 그 짓을 했다는 것이다. 물론 동성호는 1.4톤짜리라서 커다란 선망이나 외끌이, 쌍끌이 어선에 비하면 턱없이 작은 배지만 만선한 것은 사실이다. 배에는 물칸이란 게 있다. 갑판 아래 일정 부분을 독립시켜 바닷물이 들어오게 만든 곳으로, 낚시로 잡은 물고기를 넣는 장소이다. 계속 살려두기 위해. 우리 배에는 작은 물칸 두 개가 있다. 거기에 물고기가 가득 찬 것이다. 한 마리 잡아 던져 넣으면 '풍덩' 소리가 나야 정상인데 '철퍼덕' 소리가 났다. 물고기가 가득 차버렸기 때문에.

대상 어종은 참돔. 평균 40센티미터 크기에 마릿수는 대략 300마리 정도. 그걸 사흘 동안 계속했다. 하루 낚고 나니 팔목 통증이 오고(우린 이것을 '낚시 엘보'라고 한다) 이틀째 하고 나니 허리가 아팠다. 바늘 두 개를 달고 낚시를 했는데 두 마리가 동시에 물면 왜 물고 지랄이야, 투정을 부렸고 한 마리만 올라오면 아이고 다행이다. 소리가 저절로 나왔다. 낚시하는 놈이 물고기가 무는 것을 싫어하는 이 이상한 상황. 사흘째 나갈 때 급기야 내 파트너는 이렇게 말했다.

"오늘도 잘 물면 어떡하지?"

다시 한번 낚시 좋아하는 분들, 구미가 사정없이 당기실 것이다. 도대체 어디서, 어떻게, 이렇게 낚았다는 거지? 이 이야기는 조금 뒤에 이어진다(하, 독자의 눈을 계속 붙들어놓기 위한 이 뻔한 꼼수!).

어렸을 적 이야기이다. 마을의 모든 어선은 기상이 나쁘지만 않으면 날마다 조업을 나갔다. 그들이 돌아오면 '과연 얼마나 잡았을까'가 주민들의 관심사다. "마이구리 했다네." 누군가가 이 한마디 하면 구경하려고 다들 우르르 몰려갔다. 그때 보았던, 끝도 없이 퍼 내리던 물고기들. 갈치가 그랬고 삼치가 그랬고 농어와 도미, 볼락이 그랬다. 어창 안에 마치 물고기 만들어내는 기계가 있는 것 같았다.

마이구리가 얼마나 대단한가에 대해선 이런 일화가 있다. 내 당숙 한 분은 20대 초반 처음으로 선장이 돼서 조업을 나갔다. 서해안 따라 올라갔다가 내려오는 일주일 내내 똥강구(마이구리의 반대말이다)만 했는데 돌아오는 길에 흑산도 인근에서 물고기 떼를 만났다. 딱 하루 조업해서 잡은 물고기를 흑산도 수협에 넘겼다. 액수는 1100만 원.

당시 아파트 한 채 가격이 200만 원이었다. 소문을 들은 그 마을 색주가 여인네들이 한복 입고 달려들어 함께 고기를 폈다고도 했고 사흘간 술값을 600만 원 썼다는 진술도 있었다. 참, 통들도 컸다. 소구기관 엔진을 사용하고 그물 만드는 방법과 조법이 다양해져서 생겨난 일화이다.

그보다 앞선 시절에는 풍경이 사뭇 달랐다. 내 할아버지 세대는 거룻배에 돛 하나 달고 노 섯고 다녔다. 거문도에서 28킬로미터 떨어진 곳에 백도가 있다. 관광지로 알려졌지만 어장 잘되기로 더 유명한 곳이다. 그곳까지 노 저어가서 낚시를 했는데 워낙 고기가 잘 잡히는 곳이라 웬만하면 마이구리를 해왔다.

내가 한 마이구리, 참으로 찝찝한 만선

내 외할머니 회상에 의하면, 자신의 시아버지도 친구와 둘이서 백도를 자주 다니셨단다. 하루 종일 손낚시를 하고 돌아오는 시간, 바람에 맞춰 돛을 조절하면서 친구와 함께 한잔하신다. 잡아놓은 물고기가 많지만 팔거나 식구들 먹을 용인 데다 배에서 먹으려면 손이 많이 간다. 이때 등장하는 것이 흑돔이다.

흑돔은 말 그대로 머리에 혹이 달린 물고기다. 어렸을 때는 옆으로 줄무늬가 있는데 자라면서 없어진다. 30센티미터 넘으면 혹이 조금씩 자라난다. 60~70센티미터 크기의 성어가 되면 혹이 앞으로 불쑥 튀어나와 포유류 얼굴처럼 된다. 정면으로 얼굴을 볼 수 있는 거의 유일한 물고기다. 어떤 사람은 이런 혹돔을 보고 이렇게 말했다. "야, 사람보다 잘생겼네."

그 정도로 다 자란 어른 고기는 보기 드물다. 나도 아직 이런 혹돔은 낚아보지 못했다. 대신 다이빙할 때 두어 번 봤다. 마치 한 지역 장악하고 호령하는 '대살상군' 모습이었다. 노인들 표현에 의하면 이 크기의 혹돔은 물렸을 때 의외로 힘을 쓰지 않고 순순히 딸려 올라온다고 한다. 그분들이 말하는 이유는 이렇다. 얼마나 자기 혹을 아끼는지, 혹시 혹 다칠까 봐 그런다는 것.

아무튼 그 할아버지는 친구분과 안주로 이 혹돔의 혹을 깨뜨려 드시곤 했단다. 내용물은 대부분 기름이다. 당시는 기름기 없는 음식이 대부분이었고 다들 마른 체형이었다. 낚시를 마치고 돌아오는 돛단배. 고소한 기름 덩어리를 안주로 친구와 막소주 한 잔씩 하면서 느긋하게 돌아오는 모습. 난 지금 빠른 보트를 타고 낚시를 다니지만 이 장면만큼은 단 한 번만이라도 해보고 싶다.

마을에서 하는 마이구리도 있었다. '조냉이 그물'이라는 게 있다. 이걸 칠 때는 마을 전체가 대동 놀이판이 되곤 했다. 이 조법은 이렇다. 배 한 척이 기다란 그물을 마을 앞바다에 놓는다. 주민들이 양쪽 끝에 묶인 밧줄을 땅으로 끌어당긴다. 그물은 낙하산처럼 긴 타원을 그리며 천천히 당겨져 온다. 손이 많이 필요하다

보니 초등학생들까지 모두 달려들어 영차, 소리를 지르며 밧줄을 당겼다. 그물이 가까워져 올수록 양쪽 사람들이 가운데로 천천히 움직인다. 그래야 물고기가 도망을 못 간다.

그물에 들었던 것들은 일일이 말할 수 없다. 앞바다에 있던 모든 것이 들어 있었으니까. 생각난 대로 말해보자면 도미, 노래미, 농어, 감성돔, 전갱이, 보리멸, 양태, 도다리, 망싱어, 인상어, 갑오징어, 무늬오징어, 돌게, 꽃게…… 이렇게 한정 없다. 다 하고 나면 밧줄에 손을 댄 꼬마들까지 일일이 다 나눠주었다. 나도 몇 번 내 몫을 타가지고 간 적이 있다. 몇 마리 물고기의 아가미를 꿰차고 보람찬 하루해를 끝마친 군인처럼 보무도 당당하게 걸어가던 고무신 신은 까까머리 꼬마. 그게 나였다.

그물을 당길 때 주민들의 통일된 호흡, 기운을 북돋는 응원, 웃음소리는 지금도 아련하다. 마이구리의 어원은 잘 모른다. '많다'가 변형된 단어 아닐까 추측하는 정도다. 조냉이는 알고 있다. 좽이그물에서 온 것으로 '조이다' '죄다'가 원형이다.

조냉이는 지금도 간혹 한다. 개인이 지니고 있기에는 너무 큰 그물이라 면사무소에만 있다. 특별한 행사 때 한 번씩 하는데 어른들만 최소 마흔 명이 필요하고 그물 놓아주는 배와 그 배를 다룰 사람도 필요해 여간해서는 하기 쉽지 않다. 이거 한번 하고 나면 말 그대로 마이구리다.

다시 나의 마이구리로 돌아간다.

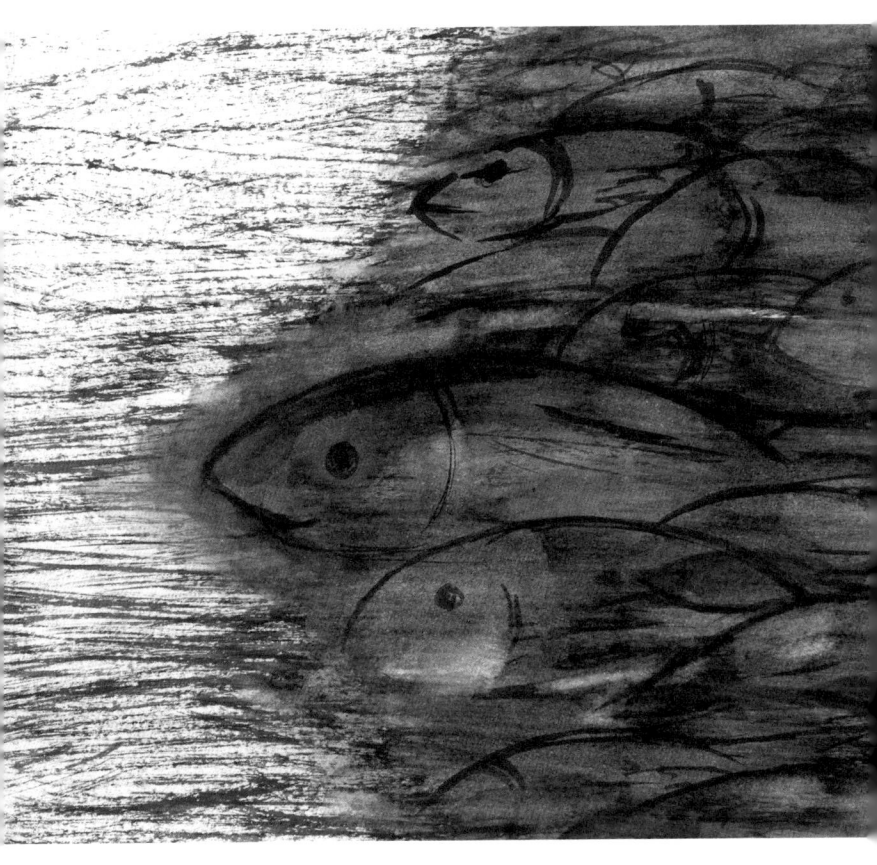

40센티미터급이면 1킬로그램이 넘는다. 우리가 잡았던 애들은 대부분 1.5킬로그램이었다. 2킬로그램짜리도 제법 되었다. 이쯤에서 낚시 경험이 많은 분들은 눈치채셨을 것이다.

이 도미는 자연산이 아니다. 모두 양식이다. 그러니까 가두리 양식장에서 빠져나온 것들. 무슨 이유론가 그물이 찢어져서 3년 이상 키운 도미 몇천 마리가 빠져나온 것이다. 한 마리가 찢어진 틈으로 빠져나가면 뒤이어 자연스럽게 따라 나오니까 그 애들에게는 탈출의 의미가 있어 보이지는 않는다. 그러니 며칠간은 멀리 가지 않고 양식장 주변에서 배회한다. 늘 먹이를 제공받고 살았기 때문에 경계심도 약하다. 미끼를 덥석덥석 문다. 많이 낚을 수밖에. 우리는 이런 도미를 '탈돔' 또는 '빠삐용'이라고 부른다.

섬에는 이런 경우, 간혹 있다. 그런데 이번에는 마릿수가 유난히 많았다. 이렇게 되면 도미의 주인 개념이 수시로 바뀐다. 빠져나온 애들은 바다에서 스스로 헤엄치는 존재가 되기에 소유권이 가두리 주인에게서 자신에게로 돌아간다. 그다음 낚아낸 사람에게로.

공들여 키운 애들이 한꺼번에 빠져나가고 사람들이 그것 낚는 모습을 보고 있자니 가두리 주인 입장에서는 미칠 노릇이다. 몇 년 전, 그 입장이던 아주머니 한 분은 길을 걷다가 사람들이 낚아 온 탈돔만 보면 울었다. 그런 심정을 짐작하기에 도의상 대놓고 낚지는 않는다. 상당히 떨어진 곳에서 한다. 그렇게 빠져나온 도미는 다시 가두리 그물 안으로 돌아가지 않기에 조만간 멀리 흩어지게 된다. 그러니 안 낚기에는 너무 아깝다. 수확의 기쁨과 미안함이 뒤엉킨다. 그래도 낚아낸다. 그래서 마음이 편치 않다.
이게 최근에 내가 한 마이구리다. 참으로 찝찝한 만선이었다.

인생은 벌거숭이

인생은 나그넷길 어디서 왔다가 어디로 가는가. 구름이 흘러가듯 떠돌다 가는 길에 정일랑 두지 말자, 미련일랑 두지 말자. 인생은 나그넷길 구름이 흘러가듯 정처 없이 흘러서 간다.

아시다시피(젊은 분들은 모르시려나) 1960년대 최희준 노래 〈하숙생〉의 가사다. 이 노랫말에 마음을 장악당하여 쓸쓸한 기분에 빠져들었던 적이 있다. 참으로 우습게도 중학교 3학년 때였다. 사춘기라서 그랬을 수도 있지만, 어쨌든 아직 수염도 나지 않은 고작 16살짜리가 이 노래에 빠져 아침이고 저녁이고 혼자 흥얼거리고 다닌 것이다.

여학생 뒤를 졸졸 따라가고 자위의 경험에 대해 침을 튀기고 동네 논두렁 깡패한테 두들겨 맞은 것까지 자랑거리였던, 최병걸이나 최헌 노래를 불러대던 친구들에 비하면 나는 상당한 애늙은이였다고 할 수 있다. 뭐, 인생을 다른 사람보다 앞당겨 사는 게 작가들의 숙명이기도 하거니와 내 바람 또한 미래로 가버리는 것이어서 그랬을 것이다. 말 그대로 빨리 어른이 되는 것이 목표였다.

 그 시절 벌써 인생의 허무를 느꼈다고 하면 좀 과할까? 아니다. 나는 정말로 인생의 허무를 느꼈다. 이 노래를 부르면 세상천지가 쓸쓸해지고 내 존재가 허공을 떠다니는 깃털 같기만 하고 나는 뭐한다고 이따위 세상에 태어나서 이 지랄일까, 생각이 남마다 들었으니까. 더 정확하게 말해보면 염세적인 몽상에 줄곧 빠져 있다가 우연히 이 노래를 듣게 되었는데 가사 내용이 내 마음과 똑같다는 것을 발견했다는 게 맞다. 이 정도면 허무 아니고 뭔가. 2절은 더하다.

  인생은 벌거숭이 빈손으로 왔다가 빈손으로 가는가. 강
  물이 흘러가듯 여울져 가는 길에 정일랑 두지 말자, 미련
  일랑 두지 말자.

 나그네만 해도 외롭고 고달프다 못해 볼썽사납기까지 한데 이번엔 숫제 벌거숭이에 빈손이란다. 아무것도 지니지 않은, 생명체 자체만으로의 존재. 그러나 난 곧바로 이해했다. 가지고 있는 두어 벌의 옷가지와 가방, 교과서와 참고서 따위쯤이야 종포 바닷가나 여수 유일의 하천인 연등천에 내버려도 아무 상관 없는 것들이기에 나는 정말이지 아무것도 가지고 있지 않은, 알몸 같

은 존재였으니까.

　나는 왜 태어났을까. 아무리 궁리해봐도 사람으로 생겨나보겠다고 힘차게 손을 들었거나 인간 자격증 시험을 치르고 당당히 합격했던 기억이 전혀 없었다. 그러니까 얼결에 이 세상에 온 것이고 잠시 머물다가 휙, 떠나는 것이 바로 인생이라는 게 만 15년을 살고 난 뒤의 결론이었다.

　(그래서 그랬겠지만) 만성리 해수욕장으로 소풍 갔을 때였다. 게임에 걸려서 억지로 노래를 불러야 했던 나는 머뭇거리다가 〈하숙생〉을 그지없이 처량 맞은 목소리로 불렀다. 친구들이나 교사들이나 상당히 기막혀했던 기억이 난다. 질풍노도, 좌충우돌의 나이대에 인생은 온 곳도 모르고 갈 곳도 모르는 나그네 같은 것이라는 노래를 부르고 있었으니 말이다.

　물론 이런 심정은 막연하게 나를 감싸는 안개 같은 거였다. 아마도 그럴 거라는 짐작에 중독된 마음. 하지만 막연함만 떠들면 무책임하다. 그 허무감의 구체적인 이유 하나를 찾아내보면 중학교 2학년 때 교과서에서 배운 〈제망매가〉가 걸려 나온다. 신라 경덕왕 때 월명사가 지은 10구체 향가로 《삼국유사》에 나오는데 내용은 대략 이렇다.

　　죽고 사는 길이
　　여기 있으니
　　나는 간다는 말도

못다 이르고 가는가

어느 가을 이른 바람에
떨어진 잎처럼
한 가지에 나고서도
가는 곳을 모르는구나

　죽어버린 여동생의 명복을 빌기 위해 월명사가 직접 지어서 불렀다는 게 이 시다. 마지막 행 '아, 미타찰에서 만날 날 도 닦으며 기다리련다'는 좀 별로지만 나는 '간다는 말도 못다 이르고 가는가'에 이른바 필이 꽂혀버렸다. 여동생이 죽은 것도 슬픈데, 글쎄 가까운 사람이 죽을 때 간다는 말도 못 한다는 것은 더 슬프니까. 이별이란 헤어짐을 확인하는 표현을 서로 분명히 주고받아야 하는 것이니까. 요즘 노래 가사에도 있잖은가. '사랑한다는 말은 못해도 안녕이라는 말은 해야지' 하는.

　건강하게 잘 지내는 내 여동생과 남동생이 죽었다는 가정을 공연히 하게 됐고 그러자 눈물이 핑 돌고 가슴이 무너지고 사는 게 허탈해졌다. 까까머리 중딩 주제에 그 가상의 이별을 견뎌내느라 허덕이던 시절을 보낸 뒤였다.

하숙생이 되고 싶었다

 이 노래에 빠진 이유를 하나 더 덧붙인다면 '하숙'이라는 단어 때문이다. 당시 나는 몹시 답답하고 괴로운 시절을 보내고 있었다. 얼른 고등학교에 진학해 집에서 떠나게 되기를 손꼽아 기다리고 있었던 것이다. 하숙이란 집을 떠나 먼 곳에서 먹고 자고 하는 것 아닌가. 나는 하숙생이 되고 싶었다.

 간절하게 기다리던 끝에 고등학교에 갔고 드디어 하숙생이 되었다(만세!). 광주시 동구 동명동의 그 하숙집. 지금도 생각난다. 빛 한 줄기 들어오지 않던, 나와 같은 여수 출신으로 공업 전문대학을 다니던 선배와 썼던 골방. 그 집엔 하숙방이 모두 세 개 있었다. 하숙생은 다섯 명. 작은 방 하나는 개인이 썼다.

 대학생 한 명에 고등학생도 한 명. 남은 셋은 재수생, 삼수생이었다. 이거 그림 바로 나온다. 날마다 모여 노는 모습. 더군다나 2학년 초에 5·18이 터졌다. 나는 그 시점에서 공부를 그만두었다. 놀기에는 상황이 아주 좋았다. 그 형들과 화투를 치고 술을 마시고 밤이 되면 솥단지에 라면을 끓여 먹었다. 라면은 연탄불을 넣어주는 시기에만 가능했는데 나이가 가장 어린 탓에 끓이는 것은 내 몫이었다. 그러다 문득 고개 돌려 어둠의 저편을 바라보면 아직도 건너지 못한 시간의 강물이 죽음의 무도회처럼 출렁이고 있

었다.

 그렇다고 놀기만 한 게 아니다. 주인집 딸을 좋아한 것이다. 전남여고 다니던 그녀는 나와 동갑으로 ㅊ과 ㅈ이 들어 있는, 적잖이 촌스러운 이름의 소유자였는데 얼굴은 이름과 달리 갸름하고 반듯하고 또렷하고 조화로웠다. 예뻤다는 소리다.

 그 여자애와는 잘되지 않았다. 한 지붕 아래 살면서 날마다 얼굴을 보고 있자니 고백할 타이밍을 찾는 게 쉽지 않았다. 누군가와 연애를 하려면 물리적인 거리가 있어야 한다는 것을 처음으로 느꼈던 때이기도 했다. 데이트는 두 번 했다. 한 번은 1학년 말 제과점에 함께 간 것이고 또 한 번은 3학년 초(그때 나는 자취를 하고 있었다). 첫 번째는 즐거웠으나 두 번째는 싸우고 말았다. 하나의 수확이라면 그 애도 나를 싫어하지 않았다는 것을 확인한 것, 기대는 하지 마시라, 그게 전부였으니. 지금쯤 그녀는 어디에서, 어떤 갱년기 장애를 앓으며 지내고 있을까.

 두 번째 하숙은 뒤늦게 대학에 가서 1학년 1학기 반년 동안 했다. 그 집에도 내 또래 딸이 있었는데 한번 실패를 교훈 삼아 좋아하는 짓은 하지 않았다. 그것으로 하숙은 끝. 그 뒤로는 온갖 골방을 전전하며 스스로 끓여 먹어야 했다. 이곳 섬으로 돌아와서도.

 스스로 밥을 해 먹는다는 것, 이거 만만찮은 일이다. 워낙 혼자 밥을 잘 먹는 스타일이라 외로움은 안 타는데 세월이 갈수록 끓여 먹는 짓은 정말 하기 싫어진다. 설거지도 마찬가지. 섬에서 살고 있으니 가장 필요한 게 뭐냐고 물어오는 사람들이 종종 있다.

보내주겠다는 것. 무언가 받는 것을 워낙 어색해하기에 그동안은 없다고, 절대 보내지 말라고 해왔는데 최근에는 저절로 이런 대답이 나왔다.

"가정부."

단지 밥하고 치우는 게 귀찮아서 내뱉어본 말일 뿐이다. 사실 현실적으로 불가능하다는 것도 잘 알고 있다.

그래서 지난달부터 오랜만에 하숙생이 되었다. 점심과 저녁밥을 가까운 후배 식당에서 먹기로 한 것이니 엄밀히 말하자면 매식인데 후배 부인은, 그러니까 주인집 아줌마는 나를 포함해 그렇게 밥 먹으러 오는 이들을 하숙생이라 부른다. 가두리에서 일하는 인도네시아와 캄보디아 친구들과 우체국, 면사무소 직원들이 포함된다. 하숙생이 되니 행복하다. 빈손으로 왔다 가는 인생에 제때 밥이라도 먹을 수 있다는 게 얼마나 다행인가.

얼마 전 검사 출신 홍 아무개 변호사의 돈벌이가 문제가 됐다. 절대 제대로 수사 못 할 거라는 예측도 나왔다. 원칙대로 수사하면 고구마 줄기처럼 줄줄이 엮여 나올 것이기에, 계속하다 보면 법조계 인사들 씨가 마를 것이기에.

인간들이 가장 크게 저지르는 실수가 자신은 천년만년 살 거라 여기는 것이다. 하지만 아무리 관리 잘해도 20, 30년 뒤에는 시체된다. 고작 그 기간을 못 기다리고 돈에 난리다. 대자로 뻗어도 싱글 침대 하나 채우지 못하는 몸뚱이 주제에 사놓은 건물은 또 왜 그리 많은지. 돈에 환장하면 부끄러움이 없어진다. 이런 최악의 인물들, 누구라도 곁에 여럿 있다.

해먹은 거 다 내놓고 인생은 벌거숭이라고 노래나 부르면서 존재 자체만의 삶을 한번 살아보라고 권하고 싶지만 절대 안 그럴 거라는 것을 우리는 잘 안다. 권력자와 부자가 뒤늦게 인생의 덧없음을 깨닫고 태도와 버릇을 바꾸는 모습은 예전 영화나 소설에 간혹 나왔는데 이제는 개그 소재로도 등장하지 않는다. 그런 사람은 한 명도 없기 때문에. 그러니 덧없음을 알게 해주는 방법은 딱 하나다. 싹 빼앗아서 벌거숭이에 빈손으로 만들어주는 것.

한번은 여객선을 타고 가는데 파도가 아주 높았다. 뱃머리가 물속으로 처박힐 때마다 사람들은 비명을 질러댔다. 그때 한 아주머니가 심심하게, 이렇게 말했다.

"갖고 있는 재산이 없으니 파도가 쳐도 무섭지가 않아요."

이 아주머니, 참 멋졌다.

덤비니까 청춘이다

2010년 남아프리카공화국에서 열린 월드컵 예선 2차전. 우리나라와 아르헨티나가 맞붙은 날, 전남 여수시 뒷골목 어느 호프집 풍경이다. 대형 스크린 아래, 최고의 명당자리를 젊은 여성 셋이 차지하고 있었다. 일찌감치 자리 잡고 한잔 마신 탓에 얼굴이 붉었다. 시합이 시작되고 십여 분 지났을 때 박주영이 자살골을 넣었다. 순간 세 여성은 자지러질 듯 환호성을 지르며 손뼉을 쳤다. 옆 좌석에 앉은 이가 말했다.

"자살골 넣은 거예요." "맞아요, 박주영이 골 넣었어요." "자살골이라니까요." "그건 또 뭔데요, 안 좋은 거예요?"

그는 설명을 포기하고 고개를 돌렸다. 박주영이 골을 넣었는데 분위기가 왜 이리 싸늘하지? 그녀들은 그녀들대로 이해되지 않는다는 표정이었다. 아마 우리나라 이곳저곳에서 이런 풍경, 적잖이 만들어졌을 것이다. 지금은 다들 잘 알고 있지만 그 시절만 해도 축구 규칙을 모른 채 열광하는 이가 있었으니까. 이거 탓할 마음 전혀 없다. 되레 가여울 정도다.

젊은이들이 과도한 스트레스에 시달리는데 그것을 발산할 만한 시간과 공간이 없기 때문이다. 그래서 스포츠로 몰린 것이다. 그때만큼은 마음대로 질러대도 되니까. 가장 좋은 기회니까. 우리나라에는 광장의 축제 문화가 없으니까.

대표적인 게 2002년 한일 월드컵 4강 때이다. 그때는 남의 자가용을 부숴도 유야무야 넘어갔다. 집단 광란에 가까울 정도로 전국민이 흥분했고 젊은이들은 유난히 더했다. 그 흥분과 충동이 묵인된 데에는 그것을 애국심으로 잘못 읽어낸 사회 분위기가 작용하기도 했다.

무슨 말이냐, 우리도 축제가 얼마나 많은데, 하실 것이다. 물론 많다. 하지만 내가 말하는 축제는 광장에서 시민들이 직접 벌이는, 뛰고 고함지르고 깔깔거리는 것을 말한다. 그러니까 관이 주도하는, 아이돌 가수 공연이 주축인, 그저 듣고 보는 것은 축제가 아닌 것이다. 한낱 이벤트일 뿐이다. 축제는 공유와 연대를 기본으로 하여 묵은 감정을 발산하고 배설하는 집단 행위이다. 하긴 우리나라 지자체 축제에서도 그걸 하긴 한다. 먹거리 장터에서 술 마시고 옆 좌석 손님과 싸우면서.

1969년 이화여대 강당. 팝 가수 클리프 리처드의 공연이 있었다. 광란의 도가니였다. 흥분한 관객들은 꽃다발과 선물 상자를 마구 던져댔다. 이 풍경은 되풀이된다. 1980년 남산 숭의음악당에서 진행됐던 〈아이 워즈 메이드 포 댄싱 I was made for dancing〉의 레이프

개릿 내한 공연. 또다시 소녀 팬들은 악을 질러대다 실신했다. 역시나 역사는 되풀이된다. 1992년 미국 5인조 팝 그룹 뉴 키즈 온 더 블록의 공연. 엄마와 이모들이 했던 풍경이 딸들에 의해 고스란히 재현됐다. 그때는 압사 사고가 발생해서 많은 사람이 다치고 심지어 죽기도 했다.

스타에게 쏠리는 팬들의 열광은 지금도 계속된다. 물론 그들이 유명한 스타이고 노래와 춤이 뛰어나서 그러기도 하겠지만 나에게는 억압과 압박에 시달리는 학생들의 가녀린 정서가 읽힌다. 화를 잘 내는 가부장은 오래 산다. 화를 냄으로써 스트레스를 날리기 때문. 하지만 그것을 고스란히 당하는 가족은 마음이 병든다. 그러니까 광적으로 고함을 질러대는 학생들의 이면에는 우리 사회 통념과 편견, 그 억압과 압박에 의한 심리적 부담이 서슬 푸르게 자리하는 것이다. 뭔가에 미쳐야 현재를 잊을 수 있으니까.

삐기각시가 등장하면 골목은 술렁이고 들썩인다

사람들이 묵은 감정을 휘발시키고 서로 위무하는 게 광장의 축제 문화다. 다들 모여 어기차게 힘을 쓰고 기운을 탕진하는 것. 하지만 예전부터 우리에게는 그게 없었다. 백성은 하늘이라고 말만 했지. 실상은 그저 무지하여 덜떨어진 존재로 보았으니까. 그런데도 그 백성들이 힘을 합치면 무서운 존재가 되니까. 집권 세력이라는 게 늘 뒤가 구리고 찝찝하여 불안했으니 사람들이 모이는 것 자체를 싫어하고 두려워했던 것. 그러니 축제 없는 나라가 된 것이고 압박받는 기운을 발산할 기회가 없다 보니 대중 가수에게로 가고 올림픽이나 월드컵으로 가는 것으로 나는 본다.

외국 잡지에서 본 내용인데 사람들이 프로야구를 좋아하는 이유 중에 이런 게 있다. '가난뱅이가 부자에게 대놓고 놀리고 욕할 수 있는 유일한 장소'라는 것. 근데 축구와 야구 시합 보는 것은 돈이 든다. 가수들 공연장 가는 것은 훨씬 더 든다. 어떤 경우는 상상 이상이다. 부모 몰래 가는 아이 많다. 몰래 간다는 것은 금지하고 있다는 뜻 아닌가.

일전에 텔레비전에서 일본의 시라하마 아마海女 축제를 봤다. 바닷가 어느 마을에서 하는 것이다. 그곳에는 마을의 안녕과 풍어를 관장하는 여신女神이 있는데 축제는 위패를 여신의 거처인 무인도의 사당으로 옮기는 것에서 시작한다. 몇 시간 일찍 무인도로 간 해녀들이 물질을 한다. 해녀들이 잡은 해산물을 제물로 하여 제관이 제를 지낸다. 마치고 나서 음복하는 것까진 일반적인 과정이다.

중요한 것은 그다음. 그곳 사람들은 그날 바닷물을 뒤집어쓰면 건강을 유지하는 것은 물론 행운이 온다고 믿기 때문에 서로 바닷물을 뿌린다. 항구로 돌아오는 배에서부터 흔히 '동끼'라 부르는 펌프로 옆 배에 타고 있는 사람들에게 물을 쏘기 시작하는 것이다. 도착한 항구에서도 그 행위는 하루 종일 이어진다. 남녀노소 모두에게서 웃음소리와 즐거운 비명 소리가 쉬지 않고 나온다. 양동이로 물을 끼얹고 도망가면 쫓아가서 복수해주는데 바닷물을 많이 뒤집어쓸수록 좋은 게 되기 때문에 유쾌하기만 하다. 물이라는 게 죽음과 재탄생의 상징이기도 하지만 그런 것 따지지 않더라도 최소한 시원하다. 종일 그리고 난 주민들의 얼굴을 보자. 해묵은 감정의 찌꺼기까지 모두 해소된, 완벽한 빈 것이 된 듯한 홀가분한 표정이었다.

그게 구성원들이 주체가 돼서 힘을 쓰고 고함을 지르는 축제다. 당연히 시라하마 아마 축제에는 아이돌 가수 한 명 보이지 않았다. 먹거리 장터도 없었다. 취해 싸우는 사람도.

우리 거문도에도 특이한 축제가 있었다. 이름하여 '삐비각시' 놀이. 섣달 초하루에 포수 분장의 사내를 대동하고 풍물을 치며 마을을 돈다. 그는 보름간 그 분장을 하는데 사람들을 괴롭히는 모든 것을 대신하는 악역이다. 정월 대보름에는 각 어선들을 돌면서 또다시 성대하게 액막이 풍물을 치고 나서 포수를 처형한다.

그 보름간 사이사이 등장하는 게 삐비각시다. 특이하게도 여장 남자다. 마을마다 사내들이 여러 형태로 여장을 한다. 가발을 쓰고 화장하는 것은 기본이고 브래지어를 차고 치마를 입고 여러 가지 기이하고 희한한 장식을 한 채 거리를 돌아다니는 것이다.

치장하는 데 여성용 소품을 이용한 상상력이 최대한 발휘된다. 여염집 규수는 물론 신부, 기생, 노파는 물론 배에다 바가지를 집어넣은 임신부 복장까지 나왔다.

삐비각시가 등장하면 골목은 술렁이고 들썩인다. 동조자들이 달라붙는다. 꽹과리와 장구를 두들기며 노래를 부른다. 어떤 노래든 누가 선창하면 다들 따라 부른다. 춤도 춘다. 남자, 여자, 늙은이, 젊은이 아무 상관 없이 난장을 벌이는 것이다. 가부장제의 금기를 스스로 무너뜨렸으니 그때만큼은 다들 하고 싶은 대로 해도 된다.

서로를 대접하기 위해 음식과 술도 준비된다. 수시로 먹고 마시며 일행은 삐비각시를 내세워 마을 곳곳을 돌아다닌다. 그러다 두 삐비각시가 마주치면 기세를 겨루다가 서로 합쳐져 한바탕 휘몰이를 한다. 보름간 그러고 나면 어떤 삐비각시가 가장 멋졌는지 이야기가 돈다. 분장 속 인물에 대한 궁금증도 풀린다. 물론 포상은 없다.

산다이 일종이다. 보통의 산다이가 비슷한 또래들이 한 공간에 모여 노는 것이라면 이 놀이는 온 동네 주민들이 움직이면서 노는 것이라는 차이 정도. 아마 가장 성대한 산다이였을 것이다. 그렇게 놀다 보면 남녀, 부모·자식 간의 거리가 좁혀지고 가부장제에 의해 묶였던 불만이 발산된다.

여장 남자 놀이는 거문도 인근, 삼산면 소재 다른 섬에도 있어 왔다. 육지에도 있었다는 소리는 아직 못 들어봤다. 아마도 (거문도는 유학자가 많았음에도) 육지와의 물리적 거리 덕분에 상대적 자유로움과 (거친 바다 환경 때문에 생겼을 거라고 추측되는) 놀이에 대한 관대함에 의해 생겨났을 거라고 본다.

지금은 안 한다. 맥 끊긴 지 오래됐다. 마을이 통째로 들썩였던, 흥겨운 축제를 그리워하는 사람들이 있다. 주로 여자들이긴 하다. 이를테면 그 놀이를 기억하는 내 또래 남자들은 엇비슷한 감정을 공유한다. '노는 것은 좋았지만 엄마가 끼어 있을 때는 싫었다.' 이것 또한 어쩔 수 없는 가부장제의 영향으로 보인다. 엄마는 정숙해야 한다는 생각, 아마 그 때문에 없어졌던 건 아닐까.

그 시절을 추억하는 내 친구의 아내는 놀이가 재현되지 못하는 이유를 이렇게 말했다. "마음이 그때처럼이 아니어서." 그때 그 시절처럼 자유롭고 분방하게 이웃과 뒤섞이려는 마음이 없어서라는 것.

예전에 들었던 이야기 하나 덧붙인다. 시험 쳐서 학교에 들어가던 시기, 광주에 전라남도 명문이라고 불린 모 고등학교가 있었다. 시내 깡패들이 학교 주변에서 얼쩡거리며 아이들을 협박했다. 그런 일이 계속되자 학생들은 스스로 대책위를 꾸렸고 집단으로 쫓아나가 깡패들과 한바탕 '접전'을 벌였다. 그리고 이겼다. 공부 잘하는 아이들이 싸움을 선택한 것이다. 교육 행정이나 교사들이 해결 못 하니까 스스로.

우리가 놓치고, 잃어버리고 있는 게 무언지 생각하게 된다. '아프니까 청춘이다'라는 말은 무기력하다. 당시처럼 '덤벼드니까 청춘이다'가 맞는 말이다. 잘못된 것에는 덤벼들어야 한다. 그리고 이긴 다음 한바탕 노는 것, 멋지지 않은가.

공부는
이쯤에서
마치는 거로
한다

ⓒ 한창훈

초판 1쇄 인쇄 2016년 12월 28일
초판 1쇄 발행 2017년 1월 2일

지은이 | 한창훈
그린이 | 한주연
펴낸이 | 이기섭
편집인 | 김수영
책임편집 | 김준섭
마케팅 | 조재성 정윤성 한성진 정영은 박신영
경영지원 | 김미란 장혜정

펴낸곳 | 한겨레출판(주) www.hanibook.co.kr
등록 | 2006년 1월 4일 제313-2006-00003호
주소 | 121-750 서울시 마포구 효창목길 6, (공덕동) 한겨레신문 4층
전화 02) 6383-1602~1603 팩스 02) 6383-1610
대표메일 | munhak@hanibook.co.kr

ISBN 979-11-6040-028-1 03810

※ 책값은 뒤표지에 있습니다.
※ 파본은 구입하신 서점에서 바꾸어 드립니다.
※ 이 책의 일부 또는 전부를 재사용하려면 반드시 저작권자와 한겨레출판(주) 양측의
   동의를 얻어야 합니다.